总裁智慧系统
说服力

苏学锋 ◎ 著

中国商业出版社

图书在版编目（CIP）数据

总裁智慧系统说服力 / 苏学锋著. ——北京：中国商业出版社，2019.11
ISBN 978-7-5208-0957-3

I.①总… II.①苏… III.①说服-语言艺术-通俗读物 IV.①H019-49

中国版本图书馆CIP数据核字（2019）第246536号

责任编辑：朱丽丽

中国商业出版社出版发行
010-63180647　www.c-cbook.com
（100053　北京广安门内报国寺1号）
新华书店经销
三河市金元印装有限公司印刷

*

710毫米×1000毫米　16开　13.75印张　150千字
2020年3月第1版　2020年3月第1次印刷
定价：48.00元

****

（如有印装质量问题可更换）

导 言

苏学锋导师，一个风度翩翩、器宇不凡的企业家，他是九州创联商学院院长、九州创联董事长、国家心理咨询师、国家企业培训师、"赢家大讲堂"特聘专家讲师、卓越商业领袖导师、总裁智慧系统课程创始人、中国管理科学研究院企业管理创新研究所副所长。

从当初青涩稚嫩到如今的稳重成熟，从当初的一无所有到如今的资产过亿，他通过非凡的智慧和勤劳的双手，实现了跨越式的蜕变与发展，成为众人尊敬的智慧导师，成为众人崇拜的企业家。

二十年奋斗，他跨越千山万水，历经商海沉浮。如今，他从鄂尔多斯到北京至全国拥有多家公司，旗下的产业涉及教育咨询、文化影视、大旅游、大健康、大科技等多个产业领域。

回首往昔，那些艰苦奋斗的片段还历历在目，正是因为有它们的存在，才拼凑成如今宏伟的事业蓝图。1997年，大学毕业的他带着对梦想的向往，踏上了商海之路，国家的政策以及时代的契机，引领他步入IT行业，十一年的打拼，让他一跃而起，成为公司股东、行业翘楚，本该享受成功的喜悦，但他却陷入了迷茫。恍然间，他发现自己在经营企业过程中一直无法摆脱"茫、盲、忙"的困境，为了突破眼前的窘境，他几经思虑放弃眼前拥有的一切，踏上了求知之路。

2008年，为了寻找企业发展之路，他开始接触教育培训行业，在不间断的学习中，他和众多领域的企业家相互学习、共同成长。短短10年时间，他汇聚千人团队，在国内普及总裁智慧系统，帮助数十万中小企业家学员绝地重生，找到人生新方向。

现今，他潜心立足于教育咨询领域，并将20年的企业经营管理实战经验与10年潜心学习研究总裁管理智慧的心得相结合，形成了自己独特的课程体系，并且应用到自己企业经营管理当中，让自己实现身心解放，企业业绩暴涨，员工自动自发。

除此之外，他还在训练过程中使企业家在快乐的学习氛围中领悟新的思考模式，掌握全新的理念及技巧，让企业家得到智慧的生发、大脑的升级，自身的改变，从而促进企业更快速、更稳定的发展。在企业得到发展的同时，也能够促进家庭氛围的和谐，真正实现财富自由、幸福的一生！

正所谓：春蚕到死丝方尽，蜡炬成灰泪始干。教育，是一份高尚的事业，是民族振兴和社会进步的基石，更是一个国家的立国之本。正因如此，他知道自己肩上的担子左边承载着责任，右边承载着使命。未来，他还要不断地充实自己、教诲他人，让更多的人领悟总裁智慧系统的智慧，在不断地改进中，塑造更好的自己，迎接更美好的人生！

序言

纵观古今,所有占据行业高峰的成功人士都是拥有一流的沟通说服能力,所有的销售冠军也都是拥有一流的沟通说服能力。世界上没有一种力量,会比你能影响和说服身边的人的力量更伟大!世界没有一种力量比说服语言更有威力!"说服力"是老板必须要具备的能力,就像人要想活着,就必须要有呼吸的能力一样。

老板没有说服力,你所有的想法都落不了地,所有的策略都没法转化成生产力。回想曾经,你有没有因为自己的说服力不够强,你公司的核心层成员离开了你?你有没有因为说服力不够,到手的订单被对手抢走?你有没有因为不懂得说服、沟通和客户谈判,一步步的退让,最后让客户牵着你的鼻子走?

因为你不具备说服力,所以你的生活和工作才处处是难题。学习可以改变你的命运,说服可以帮你创造奇迹。古今中外 99% 深具影响力的成功人士都是善于公众演说的说服力大师,每个伟大的领袖都是说服型的教育家、思想家、演说家,他们是真正会讲话的人、是运用语言创造奇迹的人!

拥有说服力意味着什么?拥有说服力意味着你可以轻松地将自己的思想装进别人的脑袋,把别人的金钱大把大把地放进你的口袋!拥有说服力意味着你可以在任何时间任何地点说服任何人，让他感恩戴德地去做你想做的任何事情！为什么有人当"说客"，磨破嘴皮子也不管用；而有人则句句在理，让对方心服口服！就是因为自身说服能力不同！那么，你知道如何提高自己的说服力吗？

　　本书通过结合总裁智慧系统智慧，并根据作者多年的实战经验，将说服知识分为说服基本要素、精神准备、心理"框架"、艺术境界、移情换位、巧妙应对等六大模块，系统地介绍了说服必备技能！并且以理论联系实际，结合具体生动的例子，详细阐述了说服的技巧和应对各种情景说服的方法。希望每一位读者都能细心揣摩，取其精华，在实践中灵活运用，从而使自己成为受人瞩目的说服大师！

自序

一直备受中小企业家关注的《总裁智慧系统说服力》课程，如今也要变成书本问世了！这是我撰写的第四本书，写这本书的目的在于让国内更多的中小企业家以及年轻创业者意识到说服力的作用和意义，并培养他们掌握更精准的说服技巧和能力，帮助他们更好地管理员工、招揽人才、成交客户，拓展人脉，成为一个"万事皆可成"的说服大师！

在说服力课堂上，我经常和学员分享一句话："学会说服力，就开法拉利；不会说服力，回家开夏利。"为什么我要说这句话呢？第一，是想让他们知道说服力，这个看似很飘渺的东西，可以帮助我们获得想象不到的财富；第二，是想唤起他们对拥有这样一项能力的渴望。现今很多中小企业家都在找落地工具，就是拿过来就能用的方法，那么到底什么是落地工具？其实就是自身的说服力。

一个企业家想要攀上更高的巅峰，就必须懂得用自己的口才塑造员工、客户、合作伙伴的信念和价值观，告诉他们自己这里有他们想要的好处（价值观），并且通过做这件事可以拿到这个好处（信念）。这样一来，我们身边才能汇聚更多有才华、有能力的人，来共同帮助我们、支持我们完成想要创造的大业。

说服不仅是一门技术，更是一门艺术，想要掌握说服力技巧首先我们要遵循以下"三个基本原则"。其一，自信尊人原则。要说服人家相信你的观点、想法或安排是正确的，首先自己要自信。其二，实事求是原则。说服要实事求是，实话实说，有一说一，有二说二。其三，反自我利益原则。对自己特别有利的东西，别人的防备心理就越重，所以也就越不接受，你要适当平衡这样的关系，别人才能相信你。

这个世界上，有多少人因为不具备说服力，而错失很多机遇？马云如果没有说服力，就没有今天的阿里巴巴！马化腾如果没有说服力，就没有如今的腾讯！程维如果没有说服力，就没有今天的滴滴！同样如果今天的我不具备说服力，也就不会登上普及总裁智慧系统课程的舞台！说服力不让你花一分钱，却能让你快速收人、收钱、收心！掌握超级说服力的核心要义，能让你在追寻成功的道路上少走弯路！最后我希望这本《总裁智慧系统说服力》能够帮助各大中小企业家快速掌握说服技巧，并熟练应用在生活和工作当中！

目 录

第一章 如何成为一名说服大师

> 想要成为一名优秀的说服大师,就必须从两方面入手:一是外在形象和气势;二是内在的修养和沟通技巧。两者缺一不可。有一句话说得好:优于外,而品于内,外在和内在必须两者兼修,才能真正达到高智慧、高水平的说服境界。人们对于这样充满魅力的说服者,才是足够信任的。

1. 打造完美形象:首因效应定生死　/ 3
2. 完善配置:凸显你的专业度　/ 7
3. 背书环境:你的背后是否有人加持　/ 10
4. 见证资料:耳听为虚,眼见为实　/ 13
5. 选择环境:为说服营造良好氛围　/ 16
6. 人格魅力:让修养成为说服的加分项　/ 19
7. 说服有道:5条必备的说服方法和策略　/ 22

　　导师语录　/ 25

第二章 精神准备：说服者必备的心理因素

说服他人的过程，是一个信心传递的过程，而精神状态将决定我们信心传递的强弱。我们每时每刻都处在一种精神状态之中，这种精神状态便是当下的心境、信心以及传递给外界的感觉信息，它还会影响到我们气势上的强弱。当我们精神状态足够好的时候，言谈举止都将焕发出一种独属于自己的魅力风采。

1. 自信满满：打造说服者的气场 / 29
2. 说服自己：如此才能更好地说服他人 / 33
3. 敢于开口：胆子是第一要素 / 36
4. 具备耐心：坚持到底的基石 / 40
5. 不怕受挫：抗压能力强 / 44
6. 饱含热情：情绪激昂会感染对方 / 48
7. 喜欢说服：没有什么比热爱更具动力 / 52

   导师语录 / 55

第三章 巧用心理"框架"：实现有效说服

每个人"心智模式"的不同，造就了想法和行为的不同，它持续影响着我们对所有接触事物的判断。一件同样的事情，不同的人会产生不同的反应，但遵循人性的共性特点，某些"心智模式"是相同的，这些相通的特点可以使用在说服中，让我们更好、更快地实现自己想要的结果。

1. 限定时间：利用急迫感说服他人 / 59
2. 论道结果：好效果更具说服力 / 62
3. 假设形式：给对方更好的想象空间 / 65
4. 强调问题：找出真正的原因 / 68

5. 转变环境：把缺点变成资源　/ 71

6. 妙用语言：增加对方更好的体验感　/ 75

7. 失败转换：没有挫败，只有回应讯息　/ 78

8. 表达认同：再提出自己的建议　/ 81

9. 巧用赞美：屡试不爽的说服法　/ 85

　　导师语录　　/ 89

第四章　艺术境界：为说服创造必要条件

> 每个人最终都是被自己所说服，因此说服是鼓动而不是操纵，说服是一个人影响另一个人或一群人的过程，而影响则是一个优美的艺术，倘若我们能够通过找寻条件、创造条件，去完成这项说服的艺术，那么我们的思想境界也会随之提高，乃至通透。如果我们把自己想象成一个说服的艺术家，一定会有意外的收获。

1. 利用数据：增强自身的可信度　/ 93

2. 风险保障：降低对方的损失　/ 96

3. 特殊对待：给对方制造优越感　/ 99

4. 权威效应：增添说服的可信度　/ 102

5. 巧用激将：实现轻松说服　/ 105

6. 主动比较：以实力轻松说服　/ 108

7. 利益捆绑：双赢自可达成说服　/ 111

8. 稀缺原理：激发对方的紧张感　/ 115

9. 找准时机：说得好不如说得"巧"　/ 118

　　导师语录　　/ 121

第五章　移情换位，让说服变得更轻松

> 当你不懂别人的时候，你的说服可能就会失去"进攻"的方向，无论你和对方说了什么，面对你的永远都是盲点和屏障，"摸着石头过河"只会心里没谱儿，你只有通过"移情换位"走进对方的内心世界，才能够拨开眼前的迷雾，攻破对方的心理壁垒，把握说服的主动权，让自己轻松拿到结果。

1. 知己知彼：才能轻松说服　／125
2. 对等原则：多用"建议"，少用"命令"　／128
3. 以退为进：才能反败为胜　／131
4. 心灵感化：真情感比"假面具"更得人心　／134
5. 引领思维：引导对方思维，请君入瓮　／138
6. 攻破关键：才能成功说服　／142
7. 投其所好：从对方兴趣点入手　／145
8. 感知位置法：和对方站到同一阵营　／149
9. 批评有道：采用"巧妙暗示"更胜一筹　／153

   导师语录　／156

第六章　巧妙应对：轻松破解对方语言

> 说服的过程不可预测，有时会变成高手与高手之间的博弈，如果我们只懂"进攻"，却不懂如何"防御"，那么势必会打一场败仗。当别人先入为主对我们设下语言圈套时，我们必须掌握巧妙的回应之术，通过大脑快速、准确的语言分析，破解对方的语言，找到对方的漏洞，从而进行绝妙的反击。

1. 直击抗拒点：读懂对方真实意图　／159
2. 偷换概念：移花接木巧说服　／162

3. 阐述影响：将注意力引向信念的后果 / 165

4. 拆解策略：分解信念组成元素 / 168

5. 提高档次：将信念扩大等级 / 171

6. 使用比喻：学会侧面进攻 / 174

7. 改变框架大小：从不同的情境重新评估 / 177

8. 另一结果：拒绝的原因就是说服的理由 / 180

9. 跳出框架：利用他人的世界观 / 183

10. 举例事实：提供说服的有利证明 / 186

11. 列举反例：找出一个"违反规则的例外" / 189

12. 准则层次：创造更重要的价值 / 193

13. 反击之术：以其人之道还治其人之身 / 196

14. 超越框架：否定中重新审视信念价值 / 200

  导师语录 / 203

第一章

如何成为一名说服大师

想要成为一名优秀的说服大师,就必须从两方面入手:一是外在形象和气势;二是内在的修养和沟通技巧。两者缺一不可。有一句话说得好:优于外,而品于内,外在和内在必须两者兼修,才能真正达到高智慧、高水平的说服境界。人们对于这样充满魅力的说服者,才是足够信任的。

1

打造完美形象：首因效应定生死

"如果我能说服别人，我就能转动宇宙。"这句经典的话，出自19世纪美国著名黑人领袖弗雷德里克·道格拉斯之口。从这句话中，我们可以看出：说服力是一项十分重要的个人能力。在如今这个社会中，人和人之间的交往，都是思想和思想的碰撞，如果我们能够拥有足够的说服力，那么我们就能轻而易举地影响别人，进而达到自己想要的目的。

拥有一流的沟通和说服能力，就能够在追求成功的道路上多一个制胜法宝。当然，说服力是一个人传播自己思想、观点的核心关键，但是在这之前，有一个更重要的前提条件，那便是说服者的形象。在说服中，给别人的第一印象起着举足轻重的作用，因此我们必须足够重视。

1960年在美国的尼克松与肯尼迪之争中，老牌政治家尼克松似乎在资历上占有绝对的优势，但是忽略了对自己外表的包装。以至于贵族家庭出身的肯尼迪评价他："这家伙真没有品位！"受到家族的影响，肯尼迪懂得如何利用自己的外在优势获取选民的信任，他是个把外在形象充分运用到说服力里面的人。

在他与尼克松的电视辩论中，年轻、英俊、风流倜傥的肯尼迪浑身散发着领袖的魅力，看起来坚定、自信、沉着，不仅能够主宰美国政坛，而且能平衡世界的局面。在电视节目中的一个握手动作上，就使得一位政治评论家宣称"肯尼迪已经获胜"。当他提出"不要问国家能为你做什么，问一问你能为国家做什么"的口号时，激起美国人民上下一片的爱国热潮。

他是美国人理想的领袖形象，尽管几十年已经过去了，但是他的形象一直让人难以忘怀，这是"世界领袖"的标准形象。而克林顿就是受到肯尼迪的影响，从小便立志从政，他以肯尼迪为精神榜样，在不断的努力之下，终于成为美国总统。我们可以看出：在克林顿的身上，正反两面，都有肯尼迪的影子。

有一句话说得好："有诸于内，必形诸之外。"在这世上，万事万物都存在内外之分，当然，这其中也包含了人的形象。形象是一个人思想道德、情操学识及个性的外在体现，是仪表、举止、礼貌、表情、谈吐的综合反映。人的外在形象和内在形象是一体的，不可分割！外在形象包含了我们的穿着、打扮，一切展现在他人眼前的装饰；内在形象是我们自身的气质、修养，最深厚的灵魂。

无论你想要说服谁，当你来到这个人的面前，就会把自己的形象诉诸对方的视觉，直接影响他对你的评价和审美。因此，在说服开始之前，一定要注意打扮自己的形象。切忌千人一面，千篇一律。要根据自己的身体形态、个性爱好、年龄职业、风韵涵养以及演讲主题、演讲结构，做到得体、大方、匀称、和谐、新颖、独特。通过专业、个性的形象告诉对方：这就是我。

第二章
如何成为一名说服大师

李峰是一名优秀的项目经理。他在总部工作时，有一天，总经理找他谈话，说公司即将进行部门岗位的调整，有一个总监的空缺，但已决定派另外一个人上任了。李峰一听，不太服气地说："公司交代的任务，我都全力以赴，而且我的能力也不比别人差，为什么公司不选择我？"

总经理说："因为平日开会时，很少看到你发言。你总是自己一个人埋头苦干，我曾给你很多次外出谈合作的机会，但是最后都没有谈成，你觉得可能是价钱上的原因，但是这也证明你的沟通能力不强，说服能力不够，除此之外，还有人反馈你的打扮穿着太过随意，让对方感觉你不够重视这次谈判合作，因为我没有看到你表现出沟通的能力，所以很抱歉，这次我不能提名你当总监。"

回家后，李峰喝了很多酒，之后很沮丧地和朋友说了这件事。朋友听后，告诉他："如果你想要在职场里出人头地，光是埋头苦干是没用的，很多时候，你外在的表现力更为重要，就像沟通啊、形象啊，那都是不可缺少的，你们总经理紧抓谈判的事情，也许这就是他考核你的重点，但是你没有展现出自己的专业形象和专业沟通能力，所以这也是以后你要提升的地方。"

不可否认：人们总是喜欢那些看上去感觉舒适、有美感的人。较好的长相、匀称挺拔的身材、美观大方的服饰均能增添人的仪表魅力，给人以舒服、美好的感觉。当然，我们不能够否认有些人天生长相、身材不是很理想，而这些天生条件又比较难以改变。其实不然，我们常说：长得不好不是你的错，但我们可以通过改变自己的服饰来衬托自己！整洁美观的服饰是人们用以改变自己或烘托自己形象的最好、使用最频繁的"武器"，只要运用得当，就会产生立竿见影的效果！

　　一个人的形象是非常重要的，别人对你的感觉或你对别人的感觉都是源于个人的形象。无论你是销售人员还是企业老板，或是其他身份的人，你的穿着决定了他人第一时间看你的眼光，以及他人对你的内心的定位。通常那些说服能力强的人，他们在个人形象的塑造上也总是给人安全、可靠、值得信赖的感觉。

2 完善配置：凸显你的专业度

当一个人的专业能力不够的时候，其实是很难说服别人的，因为没有人愿意去相信一个不够专业的人，对于那些销售人员更是如此。没有专业的销售配置，就等于没有十足的专业度，那么便很难驾驭好自己的客户，也很难获得客户的芳心，只有具备足够的专业度，才能提高自己的说服力，获得客户的满意度，形成自己的销售核心竞争力。

为什么这么说呢？试想一下：当客户的知识、经验和需求都超过我们的供给时，他会质疑我们的能力和水平，最后对我们失去信心。因此，比客户强的专业水平就是你的销售核心竞争力。当公司所有销售人员都具备这种销售核心竞争力，那么公司自然也就具备了和竞争对手抗衡的销售核心竞争力。下面，我们来看一个反面的案例：

有一位销售人员在商场里推销一款新出厂的运动机器，正巧这时，一个客户走了过来，看了一眼运动机器，便开口询问道："这个运动机，上面都有什么操作按钮啊？我看不太懂，有没有方便操作开关的按钮，我学问不高，有些东西也看不明白，只想偶尔锻炼下身体。不想看运动机的复杂说明书！"

销售人员笑着说:"没关系的,其实要学会操作这台运动机是很容易的,您要是看不太懂,让您的家人或朋友看说明书,给您指导下就行了。"说着销售人员拿出说明书,翻开一页,指着一个图表对客户说:"看!只要按着这里,输入您想锻炼的时间……然后这部机器就会提示您以下的步骤。它会给您几个选项,每个选项都提供运动量差不多的锻炼程序,日后您可以逐渐增加速度和延长锻炼时间……"

客户听销售人员讲的这一番话,觉得更麻烦了,于是摇了摇头说:"你讲得太复杂了,让我觉得更难了,还是算了吧,我就不买了。"客户一开始就提到了自己的核心问题,但是却被这位销售人员硬生生给忽略掉了。其实,如果这个销售人员直接用设备演示,和客户耐心讲解下,就不会让客户这么失望了。

在企业发展的任何时期,不够专业都是对企业本身的最大威胁,所以保证企业的销售团队都能在短时间内成为专业的销售精英,是每一个企业老板必须要花心思关注的地方,千万不要因为销售员的不够专业而毁了企业的订单。培养专业能力强、素养高的销售人员,提高企业销售核心竞争力,这是打败竞争对手的重要手段之一,也是企业比竞争对手做得好的重要原因,更是企业在市场中生存的法宝。

销售核心竞争力是一种整合能力,它是销售人员不同能力的合成,是销售人员相互间不断学习、不断分享而整合出来的综合知识和技能,是不能轻易被竞争对手模仿的。因此,一个企业必须给自己打造一个具有销售核心竞争力的团队,提高企业的运营效率,保证自己在行业内的竞争优势,不过我们要记住的是:打造销售核心竞争力的前提是保证你的专业度。

成科在一家某品牌手机公司做大区销售经理,最初他只是一个普

如何成为一名说服大师

通的售后营业员,由于这份工作并不涉及销售、成交任务,所以工作起来就变得简单许多,只要能够及时地回复好客户提出的各种问题,并且协助解决好就可以。

但是他对自己的要求却很高,所以在8小时的工作时间里,他不光是站柜台,记住那些手机型号,他还能专业地告诉客户电池所能支持的待机时间,并根据客户的使用情况,告诉他通话、上网、影音、游戏状态下分别的使用时间,以及建议客户电池的保养技巧和手机的日常维护知识,更能帮助客户解决一些网络设置和软件下载的问题。

由于他足够专业,所以每次都能获得客户极高的评价,保证了客户的满意度,同时也取得了可观的销售业绩,因为客户都认为他专业,认为他可靠,认为找他买手机有保障、放心……不仅如此,他还乐于把他的专业和经验传承给同事,正因如此,他只花了一年半的时间,就成了现在的职位大区销售经理。

其实真正的说服,绝对不是一种激进的表现,它并不是要以口舌相争,去证明自己的观点和想法,然后"赢"过别人。其实大多数时候,说服是一种无声的操作,它通过一个人的语言和行为去影响着别人对自己的评价以及信任度,这种毫无强迫的、无声无息的说服力才是最牛的。现今世界上,很多厉害的企业家、商业领袖,通过不断的学习、磨炼都已具备着这样一种无声的说服力。

说服力的配置有很多种:它可以是我们准备的证明资料、实践器材,也可以是我们的个人能力或是服饰装扮。使用哪一种配置来完善我们自身的说服力,这取决于我们自己。面对不同的说服场景,我们可以选择用不同的说服配置。只要明确我们自己的说服目的,那么就能够做好相应的准备措施。总之,完善说服配置是一个必不可少的环节。

3

背书环境：你的背后是否有人加持

一个人的说服力和自己的背书环境有着不可分割的关系，这是因为除了自己本身的能力之外，更多的人还注重说服者自身的外部条件。

下面，我们来看一个销售人员的案例：

李源是一家高端化妆品公司的销售，从最初进入公司做销售，一步一步走到销售总监的位置，她有许多感触，最明显的一点是："我现在才发现，找一个可靠的、品牌知名度高的大企业是多么重要的一件事情，这对于我销售工作而言，简直就是一个最大的助力，有些时候，不需多言，就能够很轻松地成交客户。"

印象最深刻的一件事情就是，她曾拜访一个大客户，却没有想到和其他化妆品牌公司的销售人员撞到了一起，然后这个客户也毫不避讳地问她们自家的化妆品有什么特点，他想要做其中一家化妆品公司的品牌代理，依这个客户当时的渠道和人脉，无论是和哪个化妆品公司合作，都能赚到很多的钱，而且还能够快速打开其他城市的市场。

那天，李源根本没有多说什么，只是提及了公司的老总，以及在

如何成为一名说服大师

国内比较出名的股东,最后这个客户就决定和她合作了,而另一名销售虽然说了很多,但是由于是一个新品牌,还没有什么名气,所以客户最后婉拒了他。那一刻,李源才知道:很多时候,背后的力量才是对客户最有力的说服。

不得不承认:一家成型的大企业,给人感觉会比较踏实、靠谱,和那些刚刚起步的小企业相比,有着无法媲美的优势。有很多投资者和客户都是"慕名而来",无须你去开发。所以说:当企业已经做到一定高度的时候,它本身就是一个强大的说服力,它都不需要销售人员再去过多地塑造企业的外在形象,反而能够成为销售人员的最佳助力。

很多人还可能不清楚什么是背书环境,其实背书环境的定义很广泛:个人身份、家庭背景、企业背景、人脉关系、权力地位……这些都包含在内。在如今这个社会中,这些身后环境给人带来的影响力远超于我们的三寸不烂之舌。有时候,话说得多么好听不重要,只要有个强有力的身后环境,我们的说服就会变得轻轻松松。

张一山曾在接受记者采访的时候,讲了一些他自己对娱乐圈的看法,挺值得我们思考的。这段话语中,可以看出明星背后粉丝加持的力量,对他们而言其实就是一种十足的说服力。他的原话是这样说的:"这个圈子就是这样的,演员必须有票房号召力,有点击率,这样才能保证收视率,然后制片方才会用你,可能现在这个市场就是,演戏好的人可以去演戏,但你并不一定是一号或者是二号,因为一号和二号必须得有号召力,有很多的粉丝。这个圈子就是这样的,还需要看运气,我觉得我的运气已经很好了……"

这也就是为什么很多剧中的流量小花,虽然演技并不是那么出众,但是凭着自己不错的容貌以及积累的粉丝担纲女一号或者男一号的原因。这背后粉丝的力量,无形之中就给他们带来了很大的影响力和号召力,而那些制片方和投资方,或者是广告主为了博得大众的欢心,获得更高的收视率以及曝光度,最后选用了这些人。身后环境的优越,成了他们身上最佳的说服力。

通过列举以上两个不同领域的案例,我们也能够看出:其实身后环境的影响力是适应任何一种情景的。既然是这样,我们就可以好好地运用这个方法,增强自己的说服力,学会试着调用各个领域的资源,来为我们自己营造一个不错的身后环境。

如果以上的方法不适用的话,我可以给大家再提供一个方法:还记得在《总裁智慧系统》课堂上,我曾经讲述过的"三借"吗?——借力、借势、借平台。当我们自身不具备这样的背书环境的时候,我们就想办法和这些具备背书环境的人产生关系,把他们的背书环境"借"过来,成为我们自己的说服力,这一招也是十分好用的。

4
见证资料：耳听为虚，眼见为实

任何一个销售人员，都知道只有让客户充分相信自己所说的话，才能让客户为自己所销售的产品买单！那么在这样的过程中，具体该如何去做，才能增强自己的说服力度呢？在现实中，很多销售人员错误地认为只需要拥有良好的口才便足矣，其实还远远不够。要让客户真正走到你所描述的情境中来，你必须懂得给他提供足够的证据！

没有"证据"的肯定，其实就犹如吹牛，即便说得天花乱坠，也是不能说服客户的。而所谓的"证据"就是一些辅助性的销售工具，例如：切实的资料、文件、照片、视频或是产品的亲身体验，都能够直接为客户解除心中的疑惑，不用浪费太多口舌，最终很容易就可以说服客户成交。

你一定看过几年前这样的药品保健品的广告：一些老大爷或者老太太，说没喝××保健品之前身体精神不是很好，但是喝了××保健品之后，精神状态也好了，腿也变得灵活了。或者没喝之前瘫痪在床，很痛苦的样子，但是在喝过之后，慢慢地就可以下地了，人也变得开心快乐了，甚至还能拿东西、拎重物了。

这些保健品厂家通过这种方式做了大量的客户案例，每天在电视台上进行循环播放，然后这样就吸引更多的人来买这个产品，这些产品能做到几个亿，甚至几十个亿，他们用的方法就是简单粗暴的客户见证，增加了自身的可信度。

李杨通过这些广告也学会了这一招，于是便效仿。他在自己开的养生馆和美容院店里摆满了各种客户见证。客户一进店，看到那些用过的人的评价和效果，再对照自己的现状，渴望得到他们同样的结果。他们一下子就感觉来对了，感受到了价值，如此就会更加信任这家店，觉得你也能解决他的问题，所以李杨的店铺业绩很好。

当你有很好的客户见证，就可以让客户快速下单，减少沟通成本。客户见证就是让客户自己说服自己，让客户成为我们最好的推销员，提高我们的成交率。当然你的客户见证一定要保证是真实的，也是真正有效果，能给客户带来价值，否则即便真的吸引到客户消费，最后还是会影响口碑。

在客户眼中，无论是老板还是员工，一定会推销自己的产品，说自己的产品好。但请记住：一个优秀的销售人员不只靠产品说话，而且要善于利用各种推销工具。销售人员销售的产品不同，所运用的销售工具也不同，销售人员一定要根据自己的销售特点、环境条件去准备和运用各种销售工具，提升自己对客户的说服力。

李玲做了一家英语培训班，为了让更多的人知道自己的英语培训班，并且塑造良好的口碑，她选择了两种收集客户见证的方式：第一，上课期间，拍下客户认真听英语课的照片；第二，拍摄学员见证视频。这两种方式，让她的英语培训班很快就成为当地出名的英语培训班，很多有需求的人都通过朋友、亲人的口碑传播来这里报名学习。

如何成为一名说服大师

为什么要选择拍照呢？李玲的目的是让客户见证可视化。她把学员学习时满意的笑容拍下，留住客户的见证，形成自己的"客户见证墙"。看，我们的学员都很满意我们的课程，甚至都帮我们介绍新学员，并和我成了朋友。当然，这看起来似乎有些俗气，但当把这些照片用于推销时，就具备了病毒式的感染力。当学员对课程的任何部分产生质疑时，便可以翻出这些老照片，讲述一个背后的故事，这样就能赢得新学员的信任。

拍摄客户见证视频的目的又在于什么呢？就是为了让学员讲述与李玲合作的过程，描述合作前中后的真实感受，通过视频的形式呈现出来。李玲不自说自话，而是让学员现身说法，谈一谈她所做的服务，这种方式侧面佐证了她自己的实力。这样做的好处有三点：（1）建立公信力（真实——真人、真事）；（2）口碑传播；（3）凸显买点（产品吸引力）。需要强调的一点是，客户见证一定要真实——真人、真事，因为细节描述更有力量，更能感染新的学员。

与顾客沟通的目的是进行交流以及相互了解最终销售产品，因此在沟通之前，我们要充分地了解自己的产品资料、专业知识、表达技巧、客户见证以及团队资料。有了充分的准备，在与客户沟通时，方能体现出你的专业和自信，从而感染客户。沟通的目的在于让客户产生信任，接受我们的思想和服务，因为事先的准备，使沟通更加生动合理，更容易使客户信任。

无论你的话语说得再美妙、再好听，客户也总是想看看"证据"的，只要销售人员提供的证据足够充分，就能够更快地获得客户的信任。因为客户只要需求一致，就能感同身受，而且从别人的嘴里说出来更加客观、真实、可靠。所以，做生意的老板们，一定记住一句话：客户见证胜过你的千言万语！

5
选择环境：为说服营造良好氛围

在营销过程中，产品本身仅是吸引消费者的其中一面，还有更多的细节需要销售人员精心维护，例如：消费者对环境的体验以及感受。很多实体店里的装潢显得高大上，但是里面的工作人员却被培养得"机械化"了！太多的规矩，导致他们无法亲近消费者！其实，最后反倒影响了销售的结果！

在总裁智慧系统课程中，曾提到人的"五觉"，并详细说明每个人都是通过这"五觉"来感知周遭的环境的！因此，老板不要忽视掉消费者自身，多从细节出发，做一些"人性化"的关怀，会让他们感觉更舒服，这个时候他们才会放下抵触，愿意和销售人员亲近，从而达成交易。

周五，公寓楼下新开了一家NANA蛋糕房，有一个可爱的女孩站在门口发宣传单。小美下楼等公司的班车时，闻到从店内散发出来的奶油芬芳味道。小美和其他等车的人一样，都被香味吸引着涌进蛋糕房买面包、蛋挞等甜品当早餐。因为购买的人特别多，大家只好排队，轮到小美的时候，班车快来了，小美大喊："两个绿茶酥包，

如何成为一名说服大师

快!我的车快到了!"说完,没问多少钱,扔下十元纸币,接过酥包,夺门而出。

过完一个周末,小美一大早又来等班车,今天时间还充裕,小美又走进NANA蛋糕房,女孩看着她突然高兴地说:"我知道,你是来买绿茶酥包的!上次还没找你零钱,你就上车了。"说完,一手拿着两元钱,一手捧着刚出炉的酥包。

小美本来在家已经喝过麦片了,但还是开心地买了她手上的酥包。女孩端过来一把椅子:"坐在这儿等车吧,外面灰尘太大。"小美受宠若惊地坐下来,品味着热乎乎的绿茶酥包,觉得这个清晨幸福极了,想到这里,她和女孩相视一笑。从此,她就养成了只在NANA蛋糕房吃早餐的习惯。

温馨舒适的人性化环境让人舒心,销售人员只有时时处处为客人着想,并且始终保持春风满面的笑脸,这样才能使客人感觉舒服,心情愉快,这样便有利于下一步沟通的进行。相反,那些让客户感觉不舒服的环境,只会让客户着急离开。

销售的第一步是解除与陌生人之间的恐惧,迅速建立亲和感,而一个让人倍感舒服的环境可以帮助销售人员更快地做到这一点。所以每家企业或者是实体店,对环境设计的风格一定要有所把握,温馨舒适的环境和格调,以及接待人员的友好服务态度,更容易让消费者感到舒适放松,从而在心底给企业或店家打上"好评"。

温妮拥有一家运行良好的食品店。她作为特许经销代理加入了一家连锁商店,并定期对自己的员工进行健康和销售问题方面的培训。她与自己的商店同呼吸、共命运。她是一个精力充沛、乐观自信的人,懂得如何生活并获得乐趣。

她及时地预料到,特许加盟提供的优惠条件几年后将会减少,而这项工作也许会变得有点无聊。这些因素已经足以让她开始寻找其他出路。她满腔热情地设计出一个别出心裁的居家用品店布置方案,用烛光、香气和室内装饰烘托高雅的咖啡品种和精美的小吃。在一座火红的壁炉前营造出一种特殊的气氛。"让顾客用所有的感觉去购物,"她如此评价道,"成为一家令人乐于光顾并且流连忘返的商店。"

地段良好的店面刚刚空出来,温妮便果断地采取了行动。"本来我还想要花一些时间来酝酿自己的方案,但好机会不容错过!"经过一年时间的艰苦规划和布置,商店开业时顾客盈门,顾客对店家不同凡响的创意和壁炉前的居家情调赞不绝口。

据一项专业调查显示:消费者来到商场内购物,有70%的人群最初并没有目的性,所作出的购买行为都是在商场内决定的!在外界的影响和冲击下,冲动型消费占了很大一部分比例!由此可见:为自己的产品打造一个良好的销售环境,具有很大的作用与意义!不过场合不同,说服的效果也就不同。

那么选择什么样的场合容易说服别人呢?首先,安静舒适的场所最适合。每个人的需求不同,安静的地方往往能使人的心情安定下来。不过有些时候,我们也会因一些理由而使得说服进展不顺利,这时就要立刻变换地点。从狭小的地方换到宽敞的地方,从宽敞的地方转到狭小的地方,从亮的地方改到昏暗的地方,要像这样试着变换一下说服的地点,这样成功的概率也会增高。

第一章 如何成为一名说服大师

6
人格魅力：让修养成为说服的加分项

有时候，有些人即使与我们仅有一面之交，也能够引起我们的注意，使我们感到开心、愉快，尤其是在和他们互动交流过程中，更能体会到畅快之感，这到底是为什么呢？他们能打动我们，使我们愿意和他们交往、并相信他们的为人，这又是什么原因呢？其实这就是他们身上所散发出来的人格魅力。

人和人之间，其实很讲究一种看不出的元素，我们称之为气场。但是气场具体化之后，就体现在我们的人格魅力上。在《总裁智慧系统》说服力课程上，我曾提到过：**"只有健全的人格，才能获得人们的喜爱和合作。"** 这也是成为说服大师所要具备的基本要素之一。因此，但凡你认识的那些具备说服力的人，本身也是一个充满魅力的人。

1999年5月，蔡崇信第一次见到马云。当时，蔡崇信在瑞典一家投资公司工作，年薪70万美元。然而，在蔡崇信和马云聊了半小时之后，这个毕业于耶鲁大学的博士生、资深投资人就被马云说服了。他说："马云，那边我不干了，我要和你一起干。"之后，他毅然辞职，来到杭州、投身于阿里巴巴，而当时他的月薪只有区区的500元人民币。

蔡崇信只和马云交谈了半个小时，就决定放弃优厚的待遇，追随马云，大家很想知道马云在这半个小时内究竟说了些什么。15年后，蔡崇信在接受记者访问时揭开了这个谜底。他说，马云当时跟他描绘的最多的是阿里巴巴今后的发展愿景，并没有谈商业模式、盈利以及其他业务上的东西。

马云说："我们拥有数以百万计的工厂资源。我如何帮助这些内地工厂接触到西方世界呢？它们到现在都看不到光明的那一天。"马云的激情和责任感深深地打动了蔡崇信，当时他就想："马云真的有能力做成一番事业。我是不是也该加入这个充满冒险精神的团队呢？"当他为马云的人格魅力折服时，他就被马云说服了，最后终于加入了马云的团队。

我们所喜爱的他人身上的"人格"特征，其实是他人身上所放射出来的一种魅力。许多政界、商界领袖，无论他们的相貌是否英俊，都具有这种人格魅力，具有令人尊敬、爱戴及信任的凝聚力。这也就是为什么他们受到喜爱，并且所说的话容易让人信任的原因。所以，我们一定要不断修炼自己的人格魅力，让自己成为受人喜爱的人。

在不断提升自己人格魅力的过程中，说服力也会随之增加，这对我们以后的沟通有很大的益处，尤其是洽谈生意或说服对手时，容易招人喜欢，被人接纳。独一无二的人格魅力，加上一些入情入理的话，一方面显示说服者坦诚的态度；另一方面又尊重对方并为对方着想。这样无论在交易原则上，还是在人的情感上都达成了沟通，扩大了双方的共识，促使合作成功。

第一章
如何成为一名说服大师

松下电器公司还是一家乡下小工厂时,作为公司领导的松下幸之助总是亲自出马推销产品。在碰到杀价高手时,他就对这个人说:"我的工厂是家小厂。你看这炎炎夏日,那些工人在炽热的铁板上加工制作产品,每个人都是汗流浃背的,但是他们却从不抱怨,都十分努力工作,好不容易制出了产品,请尊重、珍惜每一个工人的工作吧!依照正常利润的计算方法,应当是每件××元承购。"

对手一直盯着他的脸,听他叙述。听完之后,展颜一笑说:"哎呀,我最佩服的就是你了,其他卖方在讨价还价的时候,总会说出种种不同的话,强势的也有,请求的也有,但是唯独你,真的很不一样,你能看到工人的辛苦,一定是很不错的老板,你说的没有错,合情合理,那我就照你说的买下来好了。"最后,两人握了握手,达成了合作。

松下幸之助之所以能够说服成功,其实就是凭借自己真诚的说话态度,这言谈之间充分展现了他的个人修养和素质,让对手感受到了尊重。他的语言饱含了浓厚的个人情感,他描绘了工人劳作的艰辛,创业的艰难,劳动的不易,语言朴素、形象、生动,语气真挚、自然,唤起了对方切肤之感和深切同情。正如对方所说的,松下幸之助的话"合情合理"。对方被说服自然也在情理之中。

当然,有些人生来就有与人交往的天性,他们无论对人对己,处世待人,举手投足与言谈行为都很自然得体,毫不费力便能获得他人的注意和喜爱;可有些人便没有这种天赋,他们必须加以努力,才能获得他人的注意和喜爱。但不论是天生的还是后天努力的,他们的结果,无非是博得他人的善意,而那获得善意的种种途径和方法,便是"人格"的发展。因此,想要提高说服力的人,赶快修炼自己的人格魅力吧。

7

说服有道：5 条必备的说服方法和策略

"说服"是生活中一种特别常见的现象，**你不去说服别人，反过来就会被别人说服**。每个人的人生经历不同，性格也截然不同，生长环境以及学识教育也是大不相同的，而与之相对应的心态、兴趣、为人处事的方式，当然也不一样。每一个看过《哈姆雷特》的人对它的评价都是不一样的，这一方面说明莎氏戏剧中哈姆雷特这个艺术形象的复杂性；而另一方面也说明人和人之间的巨大不同。

因此，说服自古以来都在人们相互间的交往中扮演着重要的角色，孔子周游列国说之于礼，苏秦张仪连横合纵于七国之间，留下了许多千古佳话。在现今的社会，说服更成为我们建立和谐人际关系的关键。说服不仅仅是一门沟通的艺术，它更是一个人综合素质的具体体现。比如一些权威言论或经实践证明的真知灼见，人们自然不说自服，而在日常生活中要想因某事而说服某人，就必须掌握一些说服技巧和法则，以提高说服的效率。要想在最快的时间内寻找到说服别人的最佳突破点，可以试着从以下几种方法着手：

一、掌握对方的性格

俗话说，"知己知彼，百战不殆"，对于不同性格的人，接受他人意见的方式和敏感程度是不一样的。例如：对方是性格急躁的人还是性格稳重的人；是自负又胸无点墨的人还是有真才实学又很谦虚的人，我们都要了解清楚。

我们可以在沟通之前和他周围跟他比较亲近的人打听，如果没办法做到这一点，那么在和对方沟通的过程中，也可以通过一些适当的话语去问询，从而了解对方的性格特点，当我们真正掌握了对方的性格特点之后，便可以顺着他的脾气秉性，来对他进行有针对性的说服，这样他便不会产生抵触的情绪，我们成功说服的概率也会大大增加。

二、赞美对方的长处

每个人都有自己的优点和长处，也喜欢在别人面前展现自己的优点和长处，而这正好可以成为我们说服对方的一个切入点。因为一个人的长处就是他最熟悉、最了解、最易理解的领域。无论我们想要说服谁，都要学会从对方的长处入手。在他所擅长的领域里沟通，如此，谈论起来他就会更容易理解，这样想要说服他就会变得更容易。要懂得将他的长处作为说服他的一个有利条件。

例如，一个伶牙俐齿、善于交际的人，在分配他做销售工作时可以说："你平时就活泼开朗，乐于和别人打交道，所以在这方面你比别人更具难得的才能，这是发挥你潜在能力的一个最佳机会，你一定要好好把握。"这样和他谈话，既有理又有据，又能表现领导者对他的信任，还能引起他对新工作的兴趣。

三、从对方的兴趣、爱好入手

在这个世界上，每个人的性格和兴趣爱好都是不一样的，我们要学会根据不同人的兴趣爱好找话题的切入点。例如：有人喜欢美术，有人喜欢运动，有人喜欢唱歌，有人喜欢跳舞，有人喜欢读书，还有人喜欢下棋、养鸟、集邮、书法、写作等。

每个人其实都喜欢从事和谈论其最感兴趣的事物，这样他们的心情就会变得放松甚至是愉悦，而这样的方式，更容易亲近对方，也更容易打开他的"话匣子"，这个时候，我们再对他进行说服，就较容易达到说服的目的。

四、洞悉对方内心的真实想法

一个人坚持一种想法，绝不是偶然的，他必定有自己的理由，而且他讲的道理一般都符合他自己的利益或人之常情。但这常常不是他想要坚持的，只是不愿承认，难以启齿。如果说服者能真正了解他的"苦衷"，就能有针对性地加以解决。

五、了解对方的情绪

一般来说，影响对方情绪的因素有以下几方面：一是谈话前对方因其他事所造成的心绪仍在起作用；二是谈话当时对方的注意力还未集中起来；三是对说服者的看法和态度还不明确。因此，说服者在开始说服之前，要设法了解他当时的思想动态和情绪，这对说服的成败，是一个至关重要的环节。

以上这五种方式，我们都必须要悉心研究，才能够有针对性地采取有效的说服方式。另外，在了解对方的过程中是包含很多学问的。很多人在沟通之后，无法说服对方，就是因为他根本不仔细研究对方，不研究该用怎样的表达方式，就急忙下结论，还以为"一眼看穿了别人"。这就像粗心的医生对病人病情不了解就开药方，当然不会有好效果。

导师语录

无论你做什么职业，你都离不开沟通说服，这是一个博弈的世界，你不能说服别人，就会被别人说服。

说服不仅仅是一门沟通的艺术，它更是一个人综合素质的具体体现。

没有"证据"的肯定，其实就犹如吹牛，即便说的天花乱坠，也是不能说服客户的。

学会打造环境优势：一个人在自己或自己熟悉的环境中比在别人的环境中更有说服力。

优于外，而品于内，外在和内在必须二者兼修，才能真正达到高智慧、高水平的说服境界。

个别具体化的事例和经验，比概括的论证和一般原则更有说服力。

人和人之间的交往，都是思想和思想的碰撞，如果我们能够拥有足够的说服力，那么我们就能轻而易举地影响别人，达成自己想要的目的。

只有健全的人格，才能获得人们的喜爱和合作。这也是成为说服大师所要具备的基本要素之一。

只有具备足够的专业度，才能提高自己的说服力，获得客户的满意度，形成自己的销售核心竞争力。

如果你试图改变某人的思想和观点，你越是使自己等同于他，你就越具有说服力。

第二章

精神准备：说服者必备的心理因素

说服他人的过程，是一个信心传递的过程，而精神状态将决定我们信心传递的强弱。我们每时每刻都处在一种精神状态之中，这种精神状态便是当下的心境、信心以及传递给外界的感觉信息，它还会影响到我们气势上的强弱。当我们精神状态足够好的时候，言谈举止都将焕发出一种独属于自己的魅力风采。

精神准备：说服者必备的心理因素

1

自信满满：打造说服者的气场

说服力是自信心的传递，当别人被你自信的气场吸引的时候，就会增加对你的好感度和信任度。一个人是否拥有足够的自信，不仅能从他的行为举止中看出，从他的说话谈吐中更能够了解清楚。一个有自信的人，他的影响力一定是非凡的。因此，我们可以说：如果你态度诚恳、语气坚定，在走路、谈话、穿衣方面能展现出自信，那么你的说服力不言而喻。

可以说，**一个人自信心有多强，对别人的说服力和影响力就有多大**。自信就是一个人的底气，假如一个人在说话时都没有底气，那么别人只会质疑你话语的可信度，又怎么会相信你、被你说服呢？所以，把你的自信展示给别人看，让别人感受到你强大的气场，这是说服者赢得他人信任的基本条件之一。

迄今吉尼斯汽车销售纪录保持者、被称为世界上"最伟大的推销员"的乔·吉拉德曾是一个十分贫困的中年人，那时候他为了找工作费尽了心思，一天他走进底特律的一家汽车销售商行，请求经理给他一份汽车销售的工作。经理看着其貌不扬、甚至还有些口吃的乔·吉拉德，满腹狐疑地问："你之前有过推销汽车的经验吗？""没有。"他老老实实地回答。

"那你凭什么说你推销汽车一定能成功？"经理不屑地笑了笑。"虽然我没有推销过汽车，但是我推销过其他东西。比如报纸、鞋油、食物、房产等。要知道，其实我推销的是我自己，人们付钱的时候也是买的我，所以我认为推销汽车我也一定能成功。"虽然乔·吉拉德说话的时候依然有些口吃，但话语中流露出来的强烈的自信深深打动了经理。

但经理依然有些犹疑，他看着乔·吉拉德说："但现在已经进入冬天了，很少有人买车，是一个淡季。如果我这个时候聘用你或许会引起其他推销员的不满。另外，"他顿了顿，说，"暖气房都已经分配完了。""我需要的并不是暖气房，先生。"乔·吉拉德彬彬有礼地回答。"我只想说：如果您放弃我的话，您肯定会后悔的。您放心，我并不会和其他推销员抢生意，我所需要的全部东西就是一张桌子和一部电话机，这就够了。不出两个月，我定会将您这儿的最佳销售纪录打破，请您拭目以待，如何？"

经理思考了一番，终于同意了乔·吉拉德的请求。分配给他的是楼上一个不起眼的角落中的一张桌子和一部电话机。事实证明，经理并没有看错人。第二天，乔·吉拉德就卖出了一辆汽车。此后，乔·吉拉德的汽车销售量呈直线上升态势。第三年，他就取得了销售1425辆汽车的成绩，并打破了汽车销售的吉尼斯纪录。在接下来的15年中，他一共卖出了13001辆汽车，平均每天销售6辆。

乔·吉拉德穷困潦倒甚至有些口吃是让汽车经销店经理产生疑虑的主要原因，但最终他还是获得了这份工作，主要原因便是话语中

精神准备：说服者必备的心理因素

流露出来的自信和果敢。在这满满的自信面前，经理忽略了乔·吉拉德外形上的不足，选择了信任他，并给予了他这份工作。与其说是乔·吉拉德的语言打动了经理，不如说是乔·吉拉德的自信说服了他。

任何说服没有一帆风顺的，必须付出坚持不懈的努力。在说服的过程中，你必然会遇到各式各样的人、各种各样的困难，要克服这些困难、说服这些人，没有自信显然是无法做到的。我曾在课堂上讲述过自信具有强大的心理暗示作用，具有神奇的功效。因此，自信的人才敢想、敢做，最后才能美梦成真。

一位报社的记者采访到一条重大新闻，但是报社总编决定不采用这个稿子。这位记者认为，这篇稿子很有价值，如果追踪报道，可能会产生非同小可的社会回响。因此，他开始了对上司的说服。

记者说："何总编，请您再斟酌一下这篇稿子，我认为可以采用。根据您多年的新闻经验，您肯定能判断它的价值。"下属的话非常谦逊客气，给了上司足够的尊重，因此上司并不对他的固执感到反感，认真地想了想说："这条新闻现在还看不出它的分量，我们还是不采用为好。"

记者说："我认为这条新闻值得追踪下去，如果做个深入报道，我们就能爆出一个大头条。"对于报社的业务，上司总是有足够的耐心，这句站在工作立场上的话使上司有些心动，于是沉吟道："哦，详细说说你的想法。"记者仔细阐述了他的想法，思维清晰明朗，非常严谨有条理，上司终于拍板："不错，有见地，思路很好，这个报道值得做下去。"下属的说服终于成功了。

一个人除非自己有信心，否则不能带给别人信心；已经信服的人，方能使人信服。说服别人其实并不像我们想象的那样难，你的自信就是你说服成功最大的理由。如果你已经能拍着胸脯对自己说你很自信，那就证明你真的很自信。请相信，这种自信会在不知不觉中传递给你周围的人，当然包括你想要说服的那个人。

  如何让自己成为一名自信的说服者呢？首先，你要相信自己的想法和观点。如果你对自己的想法和观点都不了解，甚至是无法诉说出你的理由，那么又怎么可能去影响别人、说服别人呢？其次，一定要有气势。你的自信是通过你的言语和行为展现出来的。你越是展现出自信的气势，对方越会觉得你说得都是真的，是值得相信的。

精神准备：说服者必备的心理因素

2

说服自己：如此才能更好地说服他人

有一句俗话："要想感动别人，就要先感动自己。"沟通与说服也是如此。**要想说服他人，就要先说服自己。**一个人如果连自己都不相信，都无法说服自己的内心，又拿什么去说服他人并令他人信服呢？道理很简单：一个推销员要想让别人买自己的东西，但是自己内心却对这件东西并不了解，或者自己本身对这件东西的性能、质量或服务都不认可，又怎能推销得出去，说服顾客掏钱买下？

所以，我们要想说服别人，首先要做的就是先说服自己。要知道，这世上每一个善于说服他人的人都充满自信，善于用积极、充满自信和热情的语言去感染对方。当你想要表达某种思想的时候，你必须对它是坚定不移的，只有具备这样的信念，你一开口才能让别人感受到你的信心，从而愿意和你继续畅聊下去，并慢慢接受你的思想。

郝云在大学毕业之后，进入一家保险公司做销售，主管给他三个月的试用期，只有开单才能正式转正，一开始他的热情还是很高的，但是不知什么原因就是没有开单，其他和他同时来的同事都已经正式转正，唯有他还在苦苦挣扎，甚至都有辞职不干的念头了。

后来，一个朋友问他："你卖的什么保险啊？不行兄弟支持你一份吧！"他说："算了吧，这保险我看就是骗人的，我也没仔细研究过……"朋友这才发现他心理上的问题，于是说道："你看你这么和我说，也没有在客户那儿说吧。"郝云立刻反驳："我傻啊，怎么可能说这个话，你是我朋友才这么说的。"

朋友说："我明白你的意思，不过你想想这是你的产品，你要卖出去的东西，你自己对它却是这个评价，你都看不上它，你说还有哪个客户能看上它呢？道理多简单，你都不认为自己的东西好，难道客户会觉得好吗？别把客户当傻子，你都说服不了你自己，就别想说服别人了。"后来，郝云果然没有过试用期，不过在那之后，他换了一家公司，给全家都买上了保险，然后当月就开单了。

其实就是这个道理：你心中有一个信念，想让别人也信仰你的信念、追随你的道路，但是你对自己心中的这个信念并不坚定，你对它的道理和理念甚至连自己都解释不了，更不要说阐述、解释给别人听。那么你怎么能让别人信服，追随你的理念呢？只有你先说服了自己，才有底气去说服别人。

所以，当你决定说服某人某件事时，不妨先假设自己就是对方，然后将你想要对方认同的理由摆出来，一、二、三、四点，说给自己听，然后设想一下对方是否能够同意这些观点。假如你都被自己说服了，那就大胆地开口；假如你连自己都不能说服，那么趁早还是闭嘴，省得自讨没趣。其实要想说服别人并不难，只要分为两步走：

第一步，充分了解自己想要说服他人的内容，并做好充足的准备。

如果你对自己所要讲的内容和观点都还没有搞清楚，那么别人随意一问，说不定你就会回答不上来。这自然容易使对方产生疑虑，产

精神准备：说服者必备的心理因素

生不信任感，不但对你所讲的内容甚至对你本人也会产生不信任感，那么又怎谈得上令别人信服呢？况且专业问题解释不清，回答问题牛头不对马嘴，最后只会令对方失去耐心，令自己成为笑话。所以，在说服他人之前自己一定要做好充分准备，对自己所讲的观点和内容烂熟于心并坚信不疑，这才有可能让别人信服。

第二步，要站在对方的立场想问题。

一般人总喜欢以旁观者的身份为对方提出建议，但假如你没有设身处地地感受对方所感受的，你就无法体会对方的内心，也无从知晓他的想法，因此就无法提出能让对方彻底同意的观点或建议。所以，要想对方被说服，就必须站在对方的立场想问题。方法很简单，就是上文所说的假设自己是对方，假设你是他，你是怎样的内心？然后再试着用你所熟悉的内容说服自己。假如说服自己成功了，那么就大胆地去说服对方吧。做到这两条，离成功也就不远了。

3
敢于开口：胆子是第一要素

没有一个人是生下来就会说话的，都要靠自己努力说出来才可以；当然也没有任何人一开始就具备说服力的，都是通过后天不断的练习和实战最终形成的。**一个优秀的说服者，最先攻破的并不是别人的心理防线，而是自己的心理防线。**要敢于开口去说服别人，这是说服别人之前必须做好的第一步。如果现在的你还在害怕开口去说服，那么可以先找人进行情景练习，直到熟练为止。

如果每次你带有"目的性"的谈话，总会显得十分紧张，那么在和对方沟通的过程中，你可以适当放慢语速，用相对温和的声音，或者准备一个基本的图表、简报、PPT来协助你完成此次交谈。等你说的次数多了，你再去关注自己怎么能够把这些话说得更好，怎么灵活地应对别人的反馈。

李雯刚进入大学时，就因为口音问题一度不敢开口说话，每次在课堂上参加辩论赛的时候，都会因为口音或者字词发音的问题而受到同学的取笑，大家的注意点都在她的口音问题上，根本没人关注她说了什么话，提出了什么样的观点，是否正确理解、回答了老师所提出的问题。尽管同学取笑中没有带有嘲讽，但他们的笑声却让李雯开始

精神准备：说服者必备的心理因素

质疑自己，也让她不敢再开口说话了。只有每次不得已的时候，她才用蹩脚的普通话来和他们交流。

后来，李雯在国庆假期回到老家。和自己以前的高中同学论及此事，同学拍了拍她的肩膀，宽慰道："为什么你要去迎合他们呢，咱们的家乡话也是经过几千年的沉淀，是一种文化，根本没什么可丢人的！你应该将咱们的家乡话发扬光大，让她们认同咱们的家乡话。"高中同学的话让李雯茅塞顿开。

回到学校后，李雯开始在大家面前说家乡话。起初，她们仍然会笑，但李雯却没有了自卑之感。时间恰当，李雯就教她们说家乡话，后来她们有时都会主动问李雯这句话用李雯家乡话怎么说。慢慢相处中，她们发现了李雯家乡话的独特之处。正因为后来的敢说，李雯才会收获另一番美景。

当你敢于开口，你就赢了别人一大步。不敢开口、沟通困难、不会演讲对于任何人都是一件很尴尬的事，无论是名人还是普通人。当你站在舞台中央，敢于开口说出自己的想法时，你便拥有了展示自己、说服他人的机会。倘若再加以娴熟的演讲技巧，便可以提升你的工作效率，减少沟通成本，提高工作业绩。

轮到李静面试了，她深深地吸了口气，进了屋。总经理是个身材高大的中年男子，她和总经理稍作寒暄后，看了看老板对面的椅子，她微笑着请求道："我可以坐下来说话吗？"总经理同样微笑着点了点头，说："在今天你们来的6个本科生当中，可以说都是素质十分优秀的难得人才，这当中包括你，可是本公司只需要……"

李静诧异地盯着总经理：我们这一批进入最后决赛圈的人一共就5个人，总经理怎么却错误地说成了6个；还有我的学历上明明填写的是专科毕业，而他却说成了本科。怎么会有如此糊涂的总经理？我对他的身份产生了怀疑，我犹豫一下，琢磨着：我该不该说出我的怀疑呢？

李静转念一想：大不了，我还是回原来的单位。就打断了总经理的话："对不起，总经理先生，我认为您刚才的话有些需要修改的地方，例如，我们这次进入最后面试的一共是5个人，而不是您所说的6个，还有我的学历是专科，而不是本科。有鉴于此，我实在不敢肯定您总经理的身份，或者对您能够领导好这样一个庞大的公司表示怀疑。"说罢，她站起身准备离去。

"祝贺你，你已经被录取了。"那个高大的中年男子听完李静的话后，爽朗地大声笑着，从桌子后面走过来，紧紧握住了李静的手。李静大惑不解，总经理解释道："是这样，前面那几个高才生进屋后没有一个人敢于向我提出请求坐下来说话，一个连自己的合法权益都不敢争取的人，又怎么会在公司利益受到损害时挺身而出呢？而且在我把入围人数故意说错、把他们的学历提高到研究生时，他们没有一个人对我提出异议，而你却勇敢地坐了下来，并向我指出这一系列的错误。"

说话是一门艺术，但如果我们不去说，就犹如作品没人欣赏，那它就失去了价值。说话是我们每天都要接触的，离开它我们的生活将出现障碍。既然说话那么重要，我们就要发挥它的价值，敢于开口说，这样才有机会去说服别人，否则把该说的话、想说的话都咽到肚子里，又有什么用呢？因此，我们必须敢于开口表达自己的想法，不要浪费这个与生俱来的能力。

在日常生活中，我们基本上都是通过说话来相互交流，传递信

精神准备：说服者必备的心理因素

息。想想小时候的我们，多么敢说敢做，那个时候的我们活得多么潇洒自在，可是随着年龄增长，我们拥有了许多顾虑，开始不敢开口说，因为怕说错话、丢面子、得罪人，说话好像变成了一种累赘，千万不要这样想，这样只会让你活得越来越憋屈，越来越淡化自己的能力，所以有什么想法和意见，就大胆地表达出来吧，只要你说的有一定的道理，相信大家都会被你说服，这也是你证明自身能力的重要体现！

4

具备耐心：坚持到底的基石

如果你是一名销售人员，一定会遇到这样的情况：自己满怀热情却被客户无情地拒绝；遇到非常刁钻的客户，生意没谈成，还惹了一肚子气；经过多次的拜访，在马上要签合同时，却横生枝节，最终客户与竞争对手签约……这个时候，我们该怎么办呢？埋怨？退缩？要是这样，你还不如别干了。

你要知道，任何说服的过程都不可能是一帆风顺的，必须付出坚持不解的努力，让对方感受到你的诚意，才能更接近成功。在说服的过程中，每个人面对的人和遇到的困难都是不同的，要想克服这些困难、说服这些人，绝不可以操之过急，必须沉下心来，付出耐心和对方进行沟通、磨合。

有位光学公司的推销员，想说服一位先生购买公司新发明的感光纸，但是他听说那位先生对新技术、新发明一向不感兴趣。但是推销员没有退缩，依然前去拜访了那位先生。推销员讲话很有礼貌，他很细心地向那位先生解说新发明的感光纸的好处，但是那位先生丝毫都不感兴趣。于是推销员一再拜访，一次、两次……终于有一天，那位

精神准备：说服者必备的心理因素

先生不耐烦了，破口大骂："我说你这人怎么回事啊，我说不需要，就是不需要，要讲几次你才了解。"

一般人遇到这样的情况，大概会非常沮丧，甚至会就此放弃。然而这位推销员心里却想："哦，他生气了，证明他已经开始在意我的行为了，这代表着有希望。于是推销员第二天清晨又去了。那位先生一开门，就看到了推销员的笑脸，吃惊道："昨天跟你讲过了，怎么又来啦！"

"昨天很难得挨骂，所以今天我又来了。"推销员微笑着："打扰您了，再见，先生。"那位先生一下子愣住了，大概在想：这个人不会是有病吧，还有专门来找骂的？而推销员则认为客户已经有了反应，达到了一定效果，所以暂时以退为进。第三天一早，推销员又去了；然后第四天再去……经过一再的接触，那位先生终于被推销员的毅力所打动——他被说服了！

这个故事就是要告诉我们：千万不要轻易和自己说放弃。一场谈判，只有你说结束，它才会结束，否则绝不会提前结束。无论对方拒绝你多少次，或者是有多少次意见和你不一致，有多少次故意为难你，这些其实都没什么大不了的。只要你还想给自己拿结果，那么就要在不会给对方带来任何困扰的情况下，锁定目标，死磕到底。

总而言之，在这场说服的战役中，你要坚持不懈，集中所有精力，想尽一切办法，去努力实现自己的目标。若是对方对你的坚持不屑一顾，你可以说："那好吧，我不过是在尽力实现我的目标而已。还有什么更好的方法吗？"有些人可能不愿意帮助你，但愿意帮助你的人要比你想象中的多，他们会让你继续尝试下去，直到最后让你满意为止。

迪格尔先生需要重新预订从费城飞往迈阿密的航班机票。前一天，一场暴风雨让他没能赶到机场，因而错过了当天的航班。他想让航空公司免掉他150美元的航班改签服务费，可是航空公司拒绝了他的请求。

照理说，如果是我们，通常一通电话打过去，被拒绝之后就不会再想着去打第二遍电话，但是迪格尔先生却不是这样做的，他整整打了13次电话，前12次得到的回答都是"不行"，直到最后一次，航空公司终于回答他说"好吧"。这个过程，虽然花了一个半小时的时间，但是却为他省下了150美元。

对于这场说服，迪格尔先生显然有自己的见解："态度一定要好，而且还要坚持不懈。当对方对你说不行的时候，问一问为什么不行。我随时都做好了谈判的准备。"这世界，最笨的说服可能就是坚持不懈了，但是只要能成功，就是坚持的理由啊！

现实生活中，有多少人为某件事情而进行谈判的时候，往往只尝试几次就放弃了。如果他们尝试无数次，就会发现每一次的尝试，都会带来细微的变化。因为，这世界上最难拒绝的就是坚持！有不少善于说"不"的人，都是在这个最简单的策略上遭遇"滑铁卢"，成为别人说服的对象。

可能没有人认为，这种说服方式会有用。因为本来说服的事情，就可能会让人感觉烦恼，特别是一而再、再而三不断地说服，可能会让人生出厌恶的心理。这样的情况下，又怎么可能让人接受呢？然而事实上，许多人是招架不住这种百折不挠的精神的。哪怕这种行事方式让人很厌烦，但这种坚持到底的精神，始终不变的意志，很容易赢得人们的佩服。

精神准备:说服者必备的心理因素

那么,我们该如何培养自己说服他人的耐心呢?首先,我们要学会心理暗示,当觉得自己无法继续下去的时候,不妨在心里告诉自己:还可以再坚持一下,还可以继续。通过自我激励的方式,我们便可以越过一个又一个的难点,让自己的耐心逐渐增强。其次,强化自己的目标。当你心中的目标十分明确的时候,自身的动力也会随之变得很强大,就是咬着牙也会想要拿下这个目标。

5

不怕受挫：抗压能力强

我们可以这样说：如果一个人不具备受挫的能力，那么基本上他也不会具备超高的说服力，因为他连自己这一关都过不了，何况是别人呢？我们每个人在这个世界上都有两重角色，"买家"和"卖家"。当你在做说服工作的时候，你其实就是卖家，你要把你的思想和观点卖给对方，当然容易遭受一些拒绝。同样，当你成为被说服方的时候，你的潜意识也会提醒你去拒绝别人。

在每次想去说服别人之前，心态不能着急，不能想着一口气吃成个胖子，需要一步步走，每一步走好了，说服的结果就自然而来了。从准备、开场、挖掘需求、推荐说明一直到说服成功，这每一步中都存在着拒绝。但这些拒绝不代表一直都会存在，只要你保持乐观的心态，适当地解释清楚，那这些障碍就是暂时的，说不定你还会因为这些挫折，变得越挫越勇呢。

1月23日，瑞士达沃斯，马云同世界名嘴查理·罗斯举行"洞察力新观念"对话。此场论坛门票在一秒钟内即被抢光，据现场记者观察，同场次的其他论坛瞬间"无人排队"，成为达沃斯世界经济论坛所有对话中最抢手的一场。听众包括戴尔公司创始人兼CEO迈克

精神准备：说服者必备的心理因素

尔·戴尔，DHL全球首席执行官林经纶、华为董事长孙亚芳等全球知名的政商界大佬。

论坛上，马云的一言一语都备受瞩目。他谈及年轻时各种失败的经历，而现在这些经历都成为成功学里屡试不爽劝导年轻人的励志鸡汤。他曾考大学失败三次，考高中失败两次，这些当年"不甚光彩的事迹"在人生耀眼的时刻，味道都变得不一样起来。被问及"这些被拒绝"的经历对其人生是否产生影响时，马云坦然笑答：影响就是我习惯了被拒绝。

马云似乎从不避讳谈及过往，他甚至还抖出了更多自己被拒绝的料：我复读了3年，参加过30多次面试，都以失败告终。我参加警察的考试，5个人里录取了4个，我是唯一被拒绝的。甚至后来参加肯德基服务员的面试，24个人面试，录了23个人，我又是唯一被拒绝的。我向哈佛大学递交过10次入学申请，每次都毫无例外的被拒绝。

马云现在的说服力能如此之高，可能就源于他这一份不怕受挫的心态吧！能笑谈过往这些不被承认的时刻，也足以证明他是一个内心十分强大的人，这样的人天生具备感染力，他用实际行动和坚持真正说服了当初拒绝他的所有人，所以说只有顶得住压力，才能迸发出更多动力。

有个年轻的业务员，去拜访一名客户，那是一位头发斑白的老人。据说，这位老者在经商之前，曾是一所知名大学的中文系教授，是一位非常冷静和理智的人。在这位年轻业务员来到之前，已经有不少同行前来和这位老人洽谈业务，希望能有所收获，但是面对老人的咄咄逼人，都铩羽而归。年轻业务员了解了这些情况，不由心生忐忑，他认为自己很有可能也会在对方的咄咄逼人下败下阵来。

事实上，在他刚接触老者的时候，对方的表现也十分冷淡。他做这行已经有好几年了，早已练就过硬的心理素质，因此虽然对方表现冷淡，但他还是不愿意放弃，而是极尽口舌之能，尽量拣好听的话说，试图让对方改变态度。可是无论他如何说，老者还是没有一点儿合作的意向。

人的耐心终归是有限的，年轻的业务员察言观色，发现对方确实没有合作的意思，他的心情也就黯淡下来，有了放弃的念头。人就是这样，心里面有很大期望的时候，往往会束手束脚，无法放开，而一旦没有了期望，反而可以真正放开。在走之前，他不再期望能够和对方达成合作，就轻轻松松地和对方交流起来。

就在这个时候，他的古文功底得以表现出来。他与对方说话，时不时用几句贴切的古典诗词，使他的语言更有魅力。他谈吐上面的改变使老人微微一愣，不由多打量了他几眼，不过，却没有多说什么。从老人那里离开后，年轻业务员认为自己肯定无法抓住这个客户了。可是让他没有想到的是，几天后，他却意外地接到了对方打来的电话。在详细了解情况之后，老人愉快地和他签了合同。

再后来，他和那位老人成了朋友。聊起这件事，老人告诉他："本来，我是不准备和你签合同的，我觉得你们业务员做事和说话的目的性都太强，讲话务虚的多，务实的少，经常会误导别人。但是后来你不打算卖产品给我，放松下来和我聊天的时候，我才知道你对古典诗词很了解，很显然在这方面是花了工夫的。这样的人现在可太少了。我觉得，愿意读书，尤其是愿意诵读古典书籍的人，人品通常不会太差！与其找别人签合同，还不如找你这样的人签呢！"

想要成为一个成功的说服者，就必须具备超强的抗压能力，熬不

精神准备：说服者必备的心理因素

过这一关的人，是无法磨炼出自己的说服力的，因为在说服的路上，没有胆怯者，在面对对方的冷漠、质疑，甚至是步步紧逼的时候，都要以超高的心理素质和冷静的头脑来面对。抗压是考验说服者的重要时机，只有跨过这道坎，才能在未来的道路上走得更远。

因此，说服者绝不能被压垮，反而还要把对方的每一次反对、每一次拒绝都当成锻炼自己、提升抗压能力、磨炼意志的重要机会。如果你的说服过程始终不顺利，那么就意味着你要做比以前更多的工作、更多的努力才能获得更多说服的机会。

6

饱含热情：情绪激昂会感染对方

哈佛大学教授詹姆斯在《如何有效地交流》一书中说道："你跟别人问候时，是否真切地传递了你的问候？在祝贺他人时，你是否又充满了热情呢？在真诚地感谢他人，问候他人以及祝贺他人时，都要让对方注意到你。"而让对方注意到自己最好的"武器"就是热情。热情具有强大的吸引力，能够吸引对方认真聆听你的话语，不由自主地接受你的思想。

积极、热情、乐观的人本身就像太阳，能够为身边的人带来正能量。热情能够塑造人们对身边人、对事业、对社会以及全世界的态度。热情能够使人们对生活更加具有激情。所以，我们要对人对物都充满热情，用积极向上的态度去与人沟通、交流，要把自己对他人、对社会、对人生的热情全都激发出来。只有这样，才能让自己充满自信，同时将这份自信传递给他人。

有一回，哈里·温斯顿听说荷兰有位富豪正在收集某种钻石，于是便打电话给这位富豪，邀请他来纽约，要推荐一些上等珠宝给他。荷兰富豪应邀飞到美国，温斯顿让公司里的一名珠宝专家去为他介绍

精神准备：说服者必备的心理因素

一颗昂贵的钻石。珠宝专家详尽而细致地讲解了该钻石一流的质地、高科技的切割工艺以及各项珠宝鉴定指数。荷兰富豪听了讲解后，只是礼貌性地点了点头。等专家一介绍完，他便站起身来要告辞。

看到荷兰富豪要走，坐在一旁的温斯顿赶忙上前拦住了他："先生，让我再给您介绍一下这颗钻石。可以吗？"客人出于礼貌，便再次坐下。温斯顿从珠宝专家手中接过了钻石，但他并没有用任何术语，而是抒发了自己对这颗钻石的无限热爱："这是我最喜爱的钻石之一，您看，它在阳光下是那么的晶莹剔透，那么的璀璨夺目，它的光多么像天使的脸庞令人怦然心动啊！我想，这送给您的爱人，一定会成为您做的最美好的事！您也会和我一样爱上它的。不是吗？"

荷兰富豪听了之后，连连点头说："那么，请把它卖给我吧。"客人走后，一个助手问温斯顿："为什么客人已经拒绝了我们的珠宝专家，而您几句话却让他改变了主意呢？"温斯顿说："珠宝专家对钻石的知识远胜于我，我为此付给了他高额的薪水。但是有一种本事，他没有，我有。""什么本事？"助手迫切地问。"会说话的本事！他了解自己卖的每一颗钻石，但却不一定懂得根据不同的人说出恰到好处的推销钻石的话。"

珠宝专家的话，不能说不好，但那却是不带多少情感因素的冷静的介绍，对于经常收集钻石珠宝的荷兰富豪来说，他一定无数次听到过类似的介绍，因此，专家的话没有给他多少新鲜的感受，甚至让他感觉到很无趣。而温斯顿的话，让听者感觉到，他对钻石饱含着感情，满含着热爱，充满了赞叹，凝聚了激情，并且给出了得到钻石后的好处，这极富感染力的话语，深深地影响了富商，并且让他听着顺耳，心有所动，最终改变了主意，把钻石买了下来。

其实，说服别人接受一项计划、一个观念或者一种理论，也和推销钻石的道理相同。如果你会说话，并懂得饱含热情，那么在交流沟通之中，就能轻易地感染别人，让别人乐于听从你的话，按照你说的去做；如果你不会说话，也无法体现自己的热情，那么对方的心门就始终紧闭，你就只有白费口舌，浪费时间和精力。

在日常交际中，带有热情的说话不仅能扩大你的个人魅力，增添话语的说服力，从而让你迅速成交客户，与此同时还能增进你的名望，使人赞同你的思想，扩大你的影响和声誉，并且赢得自己人生的辉煌。千万不要小瞧热情的渲染力和影响力，只要你把控得当，就可以为自己带来更多的希望，可以创造许多看似不可能的奇迹。

林肯早年做律师时曾接过一个案子。一位丈夫在独立战争中阵亡的老妇人依靠微薄的抚恤金过活，可不久前一位出纳员对她说，如果想继续领取这笔抚恤金就必须先缴纳一定的手续费。手续费太高，没有收入的老妇人根本拿不出来。于是老妇人不得不求助林肯，希望法庭能够通过免除领取抚恤金手续费的规定。

开庭时，老谋深算的出纳员对自己索求贿赂的行为拒不认账，并请求法庭支持领取抚恤金缴纳的手续费。可是当林肯开言辩护时，人们立刻被他充满激情的演讲吸引住了。他先是满怀深情地回忆了独立战争的历史，带领人们仿佛穿越了时光，回到了那个艰苦的战争时代。他说："我们的先烈们不畏严寒困苦，为争取自由而献出了宝贵的生命。如今，他们已经长眠于地下，而他们的遗孀却因为生活无所依靠而在我们面前哭诉。曾几何时，她也是一个美丽的少女，也拥有美好幸福的生活，而如今，她却一无所有。这一切，都是因为她的丈夫为我们现在美好的生活而牺牲了自己。

精神准备：说服者必备的心理因素

想一想吧，对于这样一个可怜的人儿的诉求，我们怎么能置之不理呢？话音未落，全场就响起了热烈的掌声，大家都深深地被林肯热情洋溢、饱含深情的演讲所打动，有的人甚至站起来想要痛揍那个卑劣的出纳员。还有人哭着诉说自己对老妇人的同情，甚至有人当场要为老妇人捐款。最终，在所有陪审员和听众的一致表决下，法庭通过了废除领取抚恤金缴纳手续费的决议。

可以说，热情和自信就像一对孪生姐妹，总是相伴而行，它能够点燃我们灵魂的气场，令身边的人更受感染。有的时候，不需要你劝说对方按照你的意志行事，仅仅是因为你身上所释放出来的热情，就会让对方不由自主地接受你的建议或意见，听从你的劝告，这就是热情本身的魅力。

记住：**通常来说，人们对于热情的人都会留下好印象，并乐于与之交往**。因此，要想成为一个受欢迎的人，首先要有热情，用积极、热情的语言与他人沟通与交流，你会发现：自己的语言不但充满魅力，而且十分有效。

7

喜欢说服：没有什么比热爱更具动力

试问一下，还有什么能比真正热爱一件事情更具备力量的吗？一个人发自心底热爱某一件事物，那么他/她就会充满动力，这种感觉是掩藏不住的，它能够调动一个人身体和精神上最大的能量，并且让周围的人都受到感染。放到说服之中，其实也是如此，所以我们可以这么说：**热爱说服，这是成功说服的第一秘诀。**

成功的说服者必须是热爱说服、并从说服他人的过程中发现乐趣的人。试想，一个人如果对说服他人充满了胆怯和厌恶的话，那么他又怎么可能去主动说服别人呢？如若被动去说服他人，也是完全没有心思，更没有底气的，这样的说服根本就不可能成功。很多人总是在说服的最后阶段临门一脚退缩了，这就是不够热爱的表现。真正热爱说服的人，他是不会向任何说服的机会说"不"的。下面，我们来看这样一个案例：

程阳是一个十分热爱销售的人，他对自己的业务能力以及说服力都很有信心，想获得更大发展的他，从一家小公司跳到了一个大企业。一天，他去拜访客户时发现了一个大订单，可是当时离发招标书

精神准备：说服者必备的心理因素

的截止时间已经过了三天。客户拒绝发给他招标书，软件开发商代理竞争对手的产品并且拒绝与他合作，一切都很不顺利，但是他居然反败为胜。原因是什么？

他进入公司后负责北方地区电力系统的业务。第一次去拜访河南省电力系统时，他将整个省电力局跑了个遍。他首先了解省电力局哪些部门有可能采购电脑，然后逐门逐户地去认识客户。当他敲开用电处的大门时，一个年轻的工程师很遗憾地告诉他用电处马上要采用公开招标的形式采购一批服务器，但是由于你们以前没有来联系过，所以没有将你们公司列入投标名单。而且发招标书的时间已经截止了，得到标书的供应商们已经开始做投标书了，三天以后就是开标的时间。

工程师说完之后，转身就招呼其他客人去了，而他一个人站在办公室中间犹豫着不知何去何从。后来他离开之后，马上给当地IT圈的朋友打电话，了解这个项目的情况。朋友一听这个项目，就劝他不要做了，这个项目的软件开发商早已经选定了，不但软件已经开发完了，而且试点都做得很成功，这次招标就是履行程序。但他没有放弃，他想办法弄来这个软件开发商的电话号码，打电话到这家软件开发商公司总经理那里问是否有可能推荐自己的产品，总经理很客气地拒绝了他的要求，解释说软件开发一直基于另一家公司的硬件，而且投标书已经写好了。总经理的态度很明确，这次不行，以后兴许可以合作。

所有的门似乎都被封死了，客户的招标书的截止日期已经过了。即使想办法拿到标书，软件开发商又不肯支持，和客户又不熟悉，时间也很有限。况且要作出投标书，需要付出很大的代价，他需要立即请工程师从北京飞过来做报价、拟合同，做一份高质量的投标书。如果他这时放弃，其实没有人会责怪他。但他没有放弃，转身又回到了客户的办公室,来到那位工程师的座位前希望能够将招标书给他。工程师说我这里没问题,但是你必须得到处长的同意,处长在省内另外一座城市开会。他又风尘仆仆地赶到处长所在的城市拜访他。

精诚所至,处长松口同意发给标书,之后他立刻请求公司负责写标书的工程师第二天飞往郑州。他的想法是:输了也没关系,下次投标的时候至少可以混个人熟和脸熟。经过紧锣密鼓的准备,他们顺利将投标书交到了电力局。为了能够竞得这个订单,他们放出了可以承受的最低价格。由于对标书的讨论时间很长,他们一直等到晚上,好在皇天不负有心人,客户最终宣布他们中标。

对自己热爱的东西,我们所有的付出都是心甘情愿、甘之如饴,绝不会出现临阵退缩的情况。生活中,为什么很多销售人员总是说服不了客户呢?大多数是因为当他们意识到情况稍有不利时,他们便会断定:要做成这笔买卖是不可能的。实际上,世界上哪有什么不可能的事呢?在那些成功的销售人员的字典里面根本没有"不可能"三个字。

如果你想要成为一名真正的说服大师,那么就请在学习说服技巧之前,尽全力爱上说服的过程,把说服当成一件具有荣誉感的事情,每当你通过自己的能力,说服了一个又一个人的时候,你的成就感一定是非凡的!你要不断告诉自己:**说服是一件美好的事情,是一件值得我去追求的事情!** 只要你这样坚定不移的相信着,那么你一定能够通过努力在说服的领域取得自己想要的结果。

导师语录

热情具有强大的吸引力，能够吸引对方认真聆听你的话语，不由自主地接受你的思想。

说服力是自信心的传递，当别人被你自信的气场吸引的时候，就会增加他对你的好感度和信任度。

一个优秀的说服者，最先攻破的并不是别人的心理防线，而是自己的心理防线。

一个人如果连自己都不相信，都无法说服自己的内心，又拿什么去说服他人并令他人信服呢？只有先说服了自己，才有底气去说服别人。

如果你态度诚恳、语气坚定，在走路、谈话、穿衣方面能展现出自信，那么你的说服力不言而喻。

我们每个人在这个世界上都有两重角色，"买家"和"卖家"。当你在做说服工作的时候，你其实就是卖家，你要把你的思想和观点卖给对方。

任何说服的过程都不可能是一帆风顺的，必须付出坚持不懈的努力，让对方感受到你的诚意，才能更接近成功。

把谈话的气氛调至友好和谐的环境氛围，就能够使说服更加轻松一些。

成功的说服者必须是热爱说服、并从说服他人的过程中发现乐趣的人。

将结构化思维巧妙运用在说服话语的套路中，能够让对方更信任你的话语，从而更快实现说服的结果。

第三章

巧用心理"框架":实现有效说服

每个人"心智模式"的不同,造就了想法和行为的不同,它持续影响着我们对所有接触事物的判断。一件同样的事情,不同的人会产生不同的反应,但遵循人性的共性特点,某些"心智模式"是相同的,这些相通的特点可以使用在说服中,让我们更好、更快地实现自己想要的结果。

巧用心理"框架"：实现有效说服

1

限定时间：利用急迫感说服他人

根据人的心理特点，我们发现：一个人在做决策的时候，大脑对于那些稍纵即逝的机会，尤其是对于那些很有可能会一去不返的事物，感受总是特别明显。举个简单的例子：

就好比一个大学生毕业，忽然有人给他一份高薪的工作，但是他要离开老家，这个高薪工作顶得上他老家三五倍的收入，考虑时间就限定在明天，这个时候，他就会很急迫，因为可能错过这个机会就没有了，是不是应该趁着年轻拼搏一把？

所以，如果你仔细关注过某些广告，或是某些商家的营销行为，就会发现很多人都在利用这种时间的紧迫感，来给客户增加购买的说服力。其实销售人员和客户之间，永远存在着一种心理博弈，谁能在沟通过程中，通过揣摩对方的心理，成为话语的主导者，那么谁就占有最终的优势。

2010年的时候，电视购物特别火爆，那个时候打开电视机追剧，每当进入广告时间，就会发现电视购物广告来了，他们通常用15到30分钟的时间，来讲述一款产品的性能和价格，然后就开始进入拨打购物电话的倒计时，这个时候在荧幕边上就会打出一个倒数计时的码表，嘀嗒嘀嗒嘀嗒……

而电视购物频道的主持人，就会在上面催促大家拨打电话，还展示出已经有多少位观众拨打了自己的购物电话，紧接着就是告诉你最后的折扣时间，只有20分钟，只有10分钟，只有5分钟，只有1分钟！大家一定要把握机会！抓紧时间！这样做的效果是十分不错的，它充分利用了观众对于时间的紧迫感。

这个时候目标观众的心理是这样的：这个价格已经降得很优惠了，再不拨打电话，这个广告可能就过去了！而且可视化的倒数计时更能刺激观众的视觉神经！最后他们都跨出了成交的最后一步，也就是拨打电话给购物频道，购买该产品。不得不说，这是一个运用时间紧迫感最典型的一种案例。

在销售的过程中，销售人员很热情地介绍产品，但客户的防备心理很重，总是会条件反射地回复一句："我考虑一下吧！"到了这个时刻，多数销售人员就不知道该如何进行下去了，心里觉得客户肯定不会买单了。其实，未必。客户说：我再考虑一下吧！通常只是一个借口而已，想要让他"回心转意"，快速掏钱买单，你就要适当给他一些"紧迫感"！

我们利用潜意识三套软件中的价值观，来对他进行利导！怎么做呢？你要让他感受到此刻就是最佳的购买时期！告诉他现在店内举办的活动、优惠、折扣以及赠品，但是过两天就没有了！这个时候，客户其实是被"好处"所诱导的！他会在心里想如果错过这个机会，好处就没有了！浪费好处，可不符合人性的做法，所以他就有极大的可能刷卡买单！

金玲是一家服装公司的金牌销售，她每个月都能够创造十个普通销售人员的销售业绩，这是因为她在不断实践的过程中，摸清了销

巧用心理"框架":实现有效说服

售的门路。下面,我们看一下她是如何引导客户完成最终的消费的。

一次,一位中年阿姨来到店里,在店里看着一件大衣,徘徊很久也没有离开,但是她也没咨询导购一句。这时,金玲走了上来,询问她:"您想要试穿一下吗?"她立即说:"没事,我就看看,这衣服好看是好看,就是太贵了。"

金玲听出话里的玄机,就说道:"阿姨,您眼光真好,这是我们的秋冬新品,所以有活动,您今天买真的挺划算的,一件95折,两件85折,今天累计消费到1888元,我们还可以送一款价值399元的包包,您看,包包就是这个样子的,也特别时尚。"说着,她把阿姨引到包包区域,这款包的上面标价的确是399元。

这时,中年阿姨想了想,说:"感觉挺划算的。"金玲紧接着又说道:"您看中的这件大衣是昨天才到的新款,您穿出去不用担心跟别人撞衫,这又赶上店里活动,等后天活动一结束,这衣服全部都要恢复原价!您现在买最合适啦!"最终,这个阿姨买下了这件大衣,享受了折扣,获赠了包包,非常满意地离开了……

你有没有发现,其实很多时候,并不是客户不想买产品,而是销售人员或是导购员本身做得不够好,和客户沟通的不到位。既然你想要成交客户,那么就一定要学会在任何时候都和客户有话聊,并且能够聊得下去,努力抢占话语的主动权,最后完成你聊天的目的,实现最终的成交。

当你所有的"铺垫"都到位的时候,就差成交的临门一脚,那么这个时候你就可以拿出"真材实料"展示给客户,这里的"真材实料",指的就是顾客如果现在不购买的话,那么就会错过这个村没有这个店了,适当给予对方一些紧迫感,会让他觉得即将到手的好处就要流失掉了,他就会想要立刻抓住,就会主动买单。

2
论道结果：好效果更具说服力

很多销售人员的推销为什么能获得成功呢？原因在于他们把握了一个非常有效的推销方法。想要让客户动心，就必须掌握他们如何才能受到影响的规律——听别人说好，不如自己看到的好；看到的好，不如使用起来好。这句话就是告诉我们，**无论你在言辞上，把自家产品塑造的多么完美，最终还是好的效果更具备说服力。**

这也就是为什么客户老是反驳说："总讲自己的产品好，我们哪知道到底好不好啊？"所以说，亲自示范、让大家看到使用后的效果，才能真正成为客户的"眼见为凭"，现今这个社会，消费者对商家很多程度上都带有不信任，而商家所讲述的专业术语，消费者未必能够听进去，也未必能够真正明白其中的意思，但如果能够采取一些很方便的实验和示范手段，让消费者切实感受到使用产品所带来的效果，将会给你的说话内容增添巨大的说服力。

在广州的一家消防用品店里，有个十分优秀的推销员，他每个月的销售业绩都是店内第一，他和那些进门就开始推销的人不同，他走进一家店，并不急着介绍自己，也不急着推销介绍自己的消防产品，而是从提包里拿出一件防火衣，装进一个大纸袋，然后用火点燃

巧用心理"框架"：实现有效说服

纸袋，等纸袋烧完后，里面的衣服仍完好无损。通过他这种神奇的演示，让目标客户产生了极大的兴趣。

还有一位高级领带的销售员，他也是一个善于展示效果的能手，当其他的销售人员只会一味地说"这是绅士牌高级领带，质量非常优良"的时候，他却换了另一种做法——他把领带揉成一团，再轻易地拉平，再和别人介绍说"这是绅士牌高级领带"，其他销售的做法通常都没产生什么效果，而他就能给人留下深刻的印象。

我们要知道：其实消费者在购买一件产品的时候，并非购买的是产品本身！因为产品本身对他们而言并不重要，重要的是产品在使用之后，能够为他们创造出什么样的结果！例如：那些购买面膜的人，心里的想法是：希望自己在使用后得到一张光滑白皙的脸；而那些购买漂亮衣服的人，通常都是希望穿上衣服之后能够让自己显得更有气质！

那些顶级销售人员，之所以能够获得诸多客户认同，那一定是有原因的，想要说服客户，一定要学会用最实际的方法，那就是懂得给客户展示效果。这一点是商界大佬们的营销利器，而曾是华人首富的李嘉诚，也是使用这个秘诀的高手，他之所以能够取得如此大的成就，一定是有原因的。

李嘉诚的名字可谓家喻户晓。从打工的时候开始，他就是一个通过找方法去解决问题的高手。他先是在茶楼做跑堂的伙计，后来应聘到一家企业当推销员。做推销员首先要能跑路，这一点难不倒他，以前在茶楼成天跑前跑后，早就练就了一副好脚板，可最重要的，还是怎样千方百计地把产品推销出去。

有一次，李嘉诚去写字楼推销一种塑料洒水器，一连走了好几家都没有人愿意购买，甚至他还没有开口介绍自己，就被人家拒之门外。就这样一上午的时间过去了，他一点成绩都没有，若是下午还是毫无进展，回去将无法向老板交代。尽管推销颇为艰难，但他还是不停地给自己打气，精神抖擞地走进了另一栋办公楼。

在上楼梯的时候，他发现楼道上的灰尘很多，于是突然灵机一动，没有直接去推销产品，而是去洗手间，往洒水器里装了一些水，将水洒在楼道里。十分神奇，经他这样一洒，原来脏兮兮的楼道，一下子变得干净了许多。这一来，立即引起了主管办公楼的有关人员的兴趣，就这样，一下午他就卖掉了十多台洒水器。

消费者无论购买什么东西，一定是奔着最终的效果去的！因此想要说服消费者成交，产品的效果展示最能直接击中他的需求点！如果所创造的结果达到了预期，甚至是超过了预期，那么买单就是顺便的事！所以说，当一个优秀的销售人员其实并不难，只要你处处留心，注意找到适宜的方法，那么人人都能成为成功者，处处都能找到成功的良机。

除了销售之外，我们每天面对的情景还有很多很多。例如：我们在商务合作、规劝朋友或是其他人际交往的过程中，如果需要说服对方听从我们的想法和建议，但是各种言辞都无法奏效的时候，请为他们陈诉结果，让他们真正知道结果所给他们带来的好处或是害处。这个时候，你就会发现：**一个好的结果胜过千言万语**！

巧用心理"框架"：实现有效说服

3

假设形式：给对方更好的想象空间

根据心理学对人类的研究，可以证明：人类发挥想象力的时候是会上瘾的，这也就是为什么想象力是创造力的源泉。并且同样的一件事情，人们想象去做和真正做到，其实大脑的反应都是一样的，有的时候，想象力所发挥的作用，感觉上会比真实的情景更为强烈，只要你能够提供一种美好的想象，就能够带领别人一起欢呼！

在"总裁智慧系统"演说力的课堂上，我其实不断在应用这样的假设形式，从而调动每一个学员的积极性。可能学员自己都没有意识到，我是通过哪些"假设形式"的话语来让他们振奋起来的。

例如说：当看过我站在舞台上轻松自如地表达着自己的思想时，那些目前还不具备演说力的企业家学员会怎么想？他们会不会想通过这次学习，再加上以后的不断磨炼，也能够像我一样站在舞台上，讲述自己想要说的话，传递自己的思想，甚至是给公司的员工开会，显现出不一样的领袖风范。

那么这就是企业家学员想要实现的，我再通过这样的话——"只要你好好练习演讲，就像我一样站在舞台上，成为演说家！""只要你现在认真做好每一个演说环节，你也能成为像马云一样，站在舞台上闪闪发光的人！你也能成为大家佩服的演说家，成为大家眼中的焦点！"当我说完这些话的时候，你会发现企业家学员的反应是很激烈的，他们已经迫不及待地想要实现它了。

当一个人想得到某件东西的时候，证明这个东西能给他带来不可替代的价值和感受，进而他的行动力就会变得更强，而行动力就会带来直接的购买力。在很多时候，我们一旦狠下心去购买一个东西，到手的那一刻，它在我们心目中就更值钱了，和别人诉说这个东西，或是别人问起这个东西的时候，我们总是不自觉地给予很高的评价。

这种感觉不只是针对我们已经拥有的东西，对于假想状态下拥有的东西，我们同样有这样的感受。这就是商家打广告经常会使用到的"虚拟所有权效应"。比如：我觉得这个戒指戴着太美了，特别衬托我的气质，这样想之后，就算价钱颇高，是不是也很容易狠一狠心就买了？虚拟所有权效应里有一个非常核心的概念，就是"想象心理"。说白了就是我们每个人本能的关联想象力。

雪佛兰汽车曾做过这样一个广告，得到了车圈很高的评价，这个广告海报上画着这样一组图：夕阳下，有一辆雪佛兰汽车，而旁边则站着一家人，十分温馨和谐的画面，加上配着的文案：因为有你，幸福大不同。这一语双关之意，可以说是有家人陪伴，幸福大不同；也可以意指这辆雪佛兰汽车，因为它的存在，让一家人感到幸福。

当目标用户看到这则海报之后，就会想象自己身在其中，驾驶着属于"我们一家"的汽车，和家人一起在周末出游的场景，一家人幸福快乐的画面。而这种想象，实际上就会让目标用户产生对这个汽车的虚拟所有权的获得感，这大大影响了他们最终的购买决策。

通过这个广告，我们就可以看出：当人们想象自己拥有了一个东

巧用心理"框架":实现有效说服

西的时候,他就会想象使用这个东西时的各种场景,想到拥有它时的美好模样。实际上,这个感觉和真实所有权很类似,人们也就会因为害怕失去这种"想象"而变得更为心动,进而产生行动。

现今的广告,都喜欢运用一些优美的文字和冲击视觉的图片设计,让目标用户去进行"想象",去关联到自己未来生活中出现的某些场景,对于这种获得某产品之后的美好想象,会更容易让当下的他们作出购买的决定,因为当你给予目标用户更美好的想象空间时,他们就会沉浸在这种美好的氛围中不能自拔,这时,只要是自己的经济情况允许,他们会很愿意为这种美好的想象而买单。

当然,这种假设形式的营销诱惑并不限于海报、宣传页等平面传播内容,在人和人直接的沟通中,它能够发挥更大的效果。因为人的语言所具备的诱导力是很强大的。相信你一定会有过这样的体验,当别人在形容某一个场景的时候,你脑海中会不自觉地呈现出他所描述的场景,这就是语言的魅力。同样地,只要你善于表达,就能够利用这个巧妙的心理框架因素,帮助你说服他人。

4
强调问题：找出真正的原因

在这个世界上，人的行为都受思想意识的支配，因此无论我们做什么事情，都有一定的原因。 在和说服对象的交流中，我们不妨找出他愿意和你进行交流的原因，这样才能"对症下药"。每一个带着问题来的人，可能一开始并不会告诉你他的真实想法，这个时候，你想要去说服他其实是无从下手的。不过你只要愿意花费一些时间和精力，在和他交流的过程中，用巧妙的语言去诱导他表明自己的想法和目的，这样一来，你便知道自己的下一步该如何去做，否则说的再多，也很有可能只是做了无用功。

现实生活中，有很多企业的销售人员都会陷入这样的误区，他们脑袋里只想着如何把产品卖给客户，告诉客户自己的产品是如何优秀，可那有什么用呢？你的产品再怎么好，对于顾客有什么用呢？你能帮助顾客解决什么问题呢？这个问题，你不想在客户的前面，怎么可能顺利将他说服呢？

李媛一个人在逛街的时候，偶然看见一家服装店，透过橱窗看进去感觉还不错，于是就走进了这家服装店，营业员看见她进来，就

第三章 巧用心理"框架":实现有效说服

带着笑脸迎了上去:"美女,我们这边有刚出的新款式,正好赶上换季,我们正举办活动呢,你要是有相中的衣服,我们今天可以打八折,买两件的话,我们还会送一个优惠券,以后来我们店里买衣服,都可以抵销相应的金额。"

可是李媛对她的话根本不感兴趣,只是自顾自地看着衣服,在环顾了一圈之后,觉得没什么可买的,于是扭身走了,走出这家服装店之前,她才和营业员说:"我其实就是想给我妈买一件衣服的,我看了一下,也没有特别喜欢的类型,你给推荐的那些更不合适了。"这下营业员才知道自己根本就是白费了工夫,因为一开始也没有没有抓好客户背后的需求,所以才白白浪费了一个客源。

很多人没有把营销的核心竞争力弄明白,其实想要说服一个客户去购买自己的产品,很多时候并不需要你大量阐述自家产品的优势,而是要努力洞察你的客户的需求,去理解你的客户,甚至是理解你客户的"客户",只有穿越这个链条,才能找到客户想要购买产品的真正原因及目的,这才是真正好的营销。

强调问题的本身,就是为了方便我们自己提供一套合适的解决方案。既然知道了这一点,我们便可以顺畅地应用这个说服策略,但需要我们注意的是:在沟通客户的过程中,想要挖掘客户的问题点,一定会提出各式各样的问题,但无论什么问题,我们必须要顾及客户的感受,符合现场的气氛和情景,如果不小心惹对方反感,那么接下来的交流将十分困难。

李波之前是一家体育用品店的导购,经常有好多客户来到店里。他很清楚摸清客户的购买意图是多么重要的一件事情,因为很多客户来店里,他们都会拿一些体育用品看一看,但是最后却不一定会购买，为什么会看呢？这里面的原因可就多了去了。

第一，确实需要某件体育用品了；第二，觉得自己的体育用品已经旧了，所以想换一个新的；第三，自己本身不需要，就是给朋友买；第四，觉得这个体育用品很好看，挺适合自己所以拿起来看看……以上这些，还只是一些大众化的原因，其实除此之外，还有很多种原因，而这些原因都要他来挖掘。

于是这个时候，他就开始引导客户了。在推销自己的体育用品之前，他通过提问的方式，来获得客户走进店里的原因。比如：您想买哪一类体育用品呢？您买体育用品，是不是之前的坏掉了啊？您是自己用还是别人用啊？确立方向之后，其实就可以排除一部分的因素了，通过一句又一句的提问，就能获取到关键信息！

为什么很多营销广告没起作用？其实是因为营销人员对客户心理深层次的挖掘还不够深，没有找到核心关键点，所以自然打动不了客户的心。作为一个顾客，永远最关心的是产品能给自己解决什么问题，而这个问题就是销售人员必须提前知道的东西！当依据顾客的问题，给他一个适合的解决方案时，也就是你说服他买单的时刻！

在销售产品的过程中，我们都知道必须掌握客户的需求，才能够提供有效的服务。不过身为销售人员，要记住一点：客户的需求是千差万别的，有的时候是为了满足自身的需求，而有的时候却不是，所以我们在沟通的过程中，一定要了解到位才可以，找到隐藏在客户心中的真实目的。

第三章
巧用心理"框架":实现有效说服

5

转变环境:把缺点变成资源

不可否认:我们每个人都有自己的优势和劣势,这是不可避免的,毕竟人无完人,因此才有"扬长避短"之说,而在生活中,我们最常规的做法,也就是竭力发挥自己的优势和长处,争取在某个领域或某件事情上发光发热,确实也有很多人做出了一番成绩。这就是典型的"扬长避短"的应用。

当然巧妙避开自己的短处,没什么不好的,因为这是人性条件反射的做法,但是如果想要更胜一筹,活出与众不同的样子,那么我们可以修炼一下"把缺点变成优点"的能力,这并非是一件不可能的事情,如果我们能够恰到好处地利用自己的劣势和缺点,那么就可以算作智慧之人了。

从前有一个神父,主教分配给他一千本《圣经》的销售任务。但以自己的实力,他大概也只能完成三百本,剩下的该怎么办呢?于是他决定找三个孩子来帮他完成。要想顺利卖掉余下的七百本《圣经》,无疑需要一些比较能干的孩子。"只要口齿清晰、能说会道、嘴巴甜就行吧。"神父想,于是依照这样的标准,他找到了两个小孩，这两个小孩都很自信，相信自己绝对可以完成三百本的销售任务。神父很开心，可是还有一百本呢？

后来，神父又找到一个说话口吃的小男生，他的任务就是卖掉一百本《圣经》。五天的时间过去了，那两个口齿伶俐的小孩都回来了，并带回来一个十分糟糕的消息，两个人加在一起才卖掉二百本《圣经》。神父觉得很失望，怎么会呢？这意味着还有大约四百本的《圣经》没有着落。

就在神父不知所措的时候，那个口吃的小男生回来了。他居然卖掉了手上所有的《圣经》！更重要的是，小男生告诉神父说，有一个顾客愿意买下他剩下的所有《圣经》！神父感到不可思议，他无法相信这是真的，两个口齿伶俐的小孩只卖出二百本，而一个说话结巴的孩子居然是最终帮了他的人。"我和……和……所所有见到的的人说，假如不买买我的书，我就就读《圣经》给他们听。"小男孩十分得意地说。

许多时候，当我们在说一件事不可能的时候，其实都是在给自己找借口罢了，这个世上没有人办不到的事情，只要肯用心就一定能够达成。你看：故事中的口吃小男生被神父认为，充其量只能完成一百本《圣经》的销售任务。可事实上呢，他所看好的两个口齿伶俐的男生却并没有为他创造出预期的效益，反而是口吃的男生最终成了他的福星。

任何事物其实都具有两面性的，从不同的角度去看，它就会有不同的作用，所以我们千万不要觉得缺点的存在没有任何意义。总裁智慧系统课程上，不是和大家分享过这样的一个概念吗——垃圾是放错位置的资源。所以只要我们的时空角找得准确，那么这些缺点就可以

巧用心理"框架"：实现有效说服

完全被我们利用起来，变成我们的资源。

31岁的卢凌军是中关村一家软件经营公司的销售之星，听说一家外资软件商社正在招聘客户经理，他便前往应聘。在众多申请者中，他是唯一没有管理经验的候选人。没有管理经验，这可是应聘者的致命"弱点""这一关要是过不去，我就死定了。"卢凌军说，"但既然敢来应聘，我就有信心做好这个职位。虽然我没做过客户经理，但是我一直是客户代表，想到这儿，我突然心里一亮：我可以把弱项转化为卖点！"

轮到他面试了，考官问："我们看了你的简历，你是众多申请客户经理职位的应聘者中，唯一没有管理经验的候选人。你能否就此谈谈？"卢凌军答道："在我过去五年的职业生涯中，我曾经连续四年被评为销售之星，公司里只有业绩最好的客户代表才会获得这个荣誉。这些年我曾经遇见过称职以及不称职的客户经理，我想我可以从客户代表的角度来思考问题，因为我曾经亲身经历过这些情况。我知道客户经理应该具备哪些素质，而且深切地了解作为一名客户代表应该被如何对待，以及怎样能够激励他们。我相信自己能够胜任客户经理职位，因为客户代表会把我当作自己人看待，管理上我也会身体力行，而不是纸上谈兵。"

"你以前在工作中出过错吗？""出过，我刚参加工作时甚至还出现过比较严重的错误，但我从中吸取了很多教训，我想我现在可以做得更好。我还认为，一个从没有出过错的销售往往是害怕承担风险的人，开拓进取的精神也不会很强烈。关键是一个人出了错是否有勇气承认，并从过往的错误中吸取教训。"面谈持续的时间很长，考官还问了很多其他问题，但是第二天卢凌军就接到电话，他被录用了。

面对缺点，我们必须勇敢地去面对，学会利用缺点，从而扭转其变为自己的资源，为自己开拓出一条更好的路。很多时候，我们身上的缺点和劣势是完全可以扭转的，关键看我们怎么对待它，那么如何把我们的缺点转换成资源呢？首先，心态很重要。保持乐观，理性对待，避免偏激。其次，一定要换一个角度看问题。转换关注焦点，所看到的世界就会不一样。

任何事情，都具有两面性。有坏的一面就一定有好的一面，要充分看到和利用好的一面。

我们要根据不同的环境，不同的时间，来分析当下所面临的形势，努力挖掘有利因素。然后再"深挖，冲破，突围"。这样一来，你身上的缺点就能够顺利地变成可用的资源，帮助你实现想要的结果。

6

妙用语言：增加对方更好的体验感

我们所说的语言，简而言之就是说话，这可以说是我们天天在做的事。现今社会，我们大部分的沟通，都依靠语言来进行。**语言是一种交际工具，人们正是通过语言进行沟通，才维持着良好的关系。**所以，我们一定要懂得巧用语言来进行沟通，要了解语言沟通的目的在于把信息准确而令人信服地传达给对方，并争取对方接受我们的想法。善于说话，可以清楚地表达自己的意图，可要使别人乐于接受话语中的思想，却并非一件容易的事情。

换句话说，你与他人沟通的目的能否实现，就是另外一回事了。因为沟通是双向的，它的成败看时间、场合、对象……所以很多时候，不取决于你说了什么，而取决于对方的反应。对方不接受你，那你说得再多，也没有任何意义；对方接受你，你只需用一句话就能得到很好的沟通效果。对于导购人员来说，沟通是导购活动的开端，沟通是否顺畅，直接关系导购的成败。

有一家经营杀菌防臭保健鞋的专营店正在搞促销活动。一个客户从门外走了进来，这时一个导购人员立马迎了上来，询问客户："有什么能帮助您的吗？"客户巡视了一圈，然后开口问道："请问一下，你们的产品真的像广告上说的那样好吗？"

这位导购人员立即回答："您试过之后的感觉会比广告上说的好，您现在就可以尝试一下。"紧接着，这个客户又问道："如果我买回去，穿上以后感觉不那么好怎么办？能拿回来退掉吗？"这位导购人员笑着说："不会的，我们相信您的感觉。"客户听完这句话之后，思考了几秒，最终购买了两双杀菌防臭保健鞋。

语言是导购员与顾客沟通的媒介。一切营销活动首先是通过语言建立起了最初的联系，从而使营销活动展开，最终达到营销目的。案例中的导购员正是通过得体的语言才打消了顾客的顾虑，最后成功地将产品销售出去。对于导购员来说，只有把话说得恰到好处，才能拉近与顾客之间的距离，生意才可能做成。

既然开门做生意，那么做好客户服务就是必然的，而服务的终极目标是适应客户的人性、满足客户的需求，在这个不断消费升级、追求生活品质的时代里，服务质量的衡量标准不能再局限在客户满意度上，只有客户体验达到极致才能为客户心声做"代言"，才能反映客户真实的需求，所以我们应当将客户体验作为衡量服务的终极标准，这种客户体验不仅限于企业的环境，更在于服务中的互动与沟通，语言是增加客户体验感最便宜、却最好用的工具。

在广州有一家皮包专卖店生意特别红火，这明明是一家看起来挺大众化的店，所以很多同行都好奇它这么红火的原因，可实际上这是外观所觉察不出来的，因为真正的原因在于导购员所带来的服务体验感。

巧用心理"框架"：实现有效说服

一天，一位打扮时尚的女士走进店铺，她一开口，店铺导购人员马上就笑着说道："听口音，您是上海人吧？"女士点点头之后，立刻看向眼前这位导购人员，并露出了微笑，问："你怎么会这么问，难道你也是上海人吗？"瞬间，他们之间的陌生感就消除了大半。

紧接着，这位导购人员笑着回答："不是的，但我对上海很有感情，在那边待过十来年，一听到上海口音就感觉非常亲切。"听她说完，这位女士显得非常开心。随后在她的导购下，这位女士一次购买了十款不同颜色的时尚皮包。

从以上的案例中，我们就能看出：心理因素对语言交际的影响最大、最直接，也最关键。导购人员在与顾客交谈时，一定要注意让自己的语言贴近对方的心理，尽可能地消除心理障碍造成的隔阂，打造和顾客之间的亲密感，才能更有助于销售下一步的进行，如果一开始就被顾客排斥，那么几乎也就丧失了自己的引导权。

案例中的导购员以口音为切入点拉近了与顾客之间的心理距离，使得顾客从心理上接受了她的话，再加上语言使用的十分得体、恰当，便迅速赢得了顾客的好感，增加了自身的说服力，于是交易就顺理成章地达成了。当然，销售产品是一方面，语言的奇妙也可用在其他的场景中，只要掌握好语言的火候，都能将其变成为自己说服过程中一个强有力的武器。

7

失败转换：没有挫败，只有回应讯息

很多人面对失败会变得十分沮丧，从而失去做事的动力和信心，这是因为失败对我们而言是一个负面的信息传递，并且有的失败给我们带来的不仅仅是失落感，更深层次上的是一种对自我能力怀疑的痛感，那么我们要如何从这样的一个心境中走出来，或者是我们如何劝服一个人从这样的心境中走出来呢？

我们眼中的"失败"，它所强调的是一个结果所带来的坏处，那么我们为什么不试着去思考一下失败带来的好处呢？如果我们不是沉浸在这样一个落寞的结果里，而是看到这些看似问题、症状、错误的东西，其实是一种正面的反馈，而不是失败。那么，我们就完全有能力说服一个人重新振作起来。

德国跳高运动员迈法特十六岁那年，在第二十届奥运会上跳过1.92米，打破奥运会女子跳高纪录，轰动世界田坛。回国后，她在一片喝彩声中骄傲起来，放松了训练，热衷于参加社交活动。后来，在第二十一届奥运会上，她仅跳过1.80米，惨遭失败。回国时迎接她的不再是鲜花和喝彩，而是来自多方的责难和冷遇。

第三章
巧用心理"框架"：实现有效说服

面对比赛失利，本就沮丧的她，还要遭受各方指责所带来的精神压力，她甚至想要放弃自己了，但是后来她通过反向思考，最终说服自己渡过了这个难关。她在深深的思索中认识到：失败只能说明过去，它只是反映我当下的努力还不够，所以我更不能一蹶不振。于是她调整好心态，刻苦训练。终于，在第二十三届奥运会上跳过2.02米，创造了新的世界纪录，重新登上了冠军宝座。

爱迪生曾说这样一句话："人是要经历失败的，失败后看你如何选择。虽然那一万次是失败了，但是就是这些失败让我发现了一万种行不通的方法，也让我一步步更接近成功。"

这句话的意思就是：当我们走错一条路，不会再走这条路。明白错了之后，就不会再犯同样的错，这就是失败所带来的反馈啊！

因此，我们可以这样理解：受到挫折和失败的时候，它们不是预示我们无法获得成功，而是用事实来告诉我们：走这条路或者使用这种方法行不通。所以说，当我们失败越多，再犯错误的机会就越少，而通往成功的路就越清晰。屡试屡败之后获得成功的人，不但学到了行不通的道理，同时也找到了行得通的方法。

1978年，当波·弗兰克搬到希尔顿黑德岛的时候，海松房地产公司正值生意红火之际。弗兰克卖掉了他在亚特兰大的石油股份，加入了一个17人的销售组织，并且升迁得很快。1980年，他已经是这个房地产销售组织的副总裁了。1981年，是海松房地产公司的第十个好年头，他成了该公司的副经理，领导着50个销售商，他们每年都能创下2500万美元的销售额。

但是接下来的日子里，一连串打击接踵而来。在随后的六年里，海松公司被出售、调整、重组。它被由七家不同的经营公司组成的集团控制。它们都相继经历了资金外流以及信贷、信誉等问题。由于一些政策的改变，弗兰克自己的办公室也七次迁址。到1987年年中，这个实际上已经破产的实体，由另一家公司代理。当时，海松房地产公司的职员都显得非常沮丧和死气沉沉。

那时候，弗兰克每天都要参加行政人员会议，面对那些令人沮丧的坏消息，亏损报告、经营变动，一刻不得安宁。面对这些，他就快要撑不下去了，这个时候，他的朋友却站出来劝他说："你都坚持到现在了，还有什么更糟糕的吗？为什么你不去利用所有挫折带给你的反馈呢？"就这样一句话，他说服了自己继续干下去。后来在避开这些失败的"雷区"之后，他获得了1亿美元以上的销售额，海松房地产公司很快成为南加州最大的房地产公司。

弗兰克的朋友之所以能说服他，是因为他懂得进行"失败转换"，当弗兰克只看到坏的一面时，他却能从反向角度来提醒他去看待好的一面。我们经常说"生命中所发生的事情都是我们成长的肥料"也是一样的意思。我们不纠结于结果，只注重反馈，因为结果再糟糕，我们也无力再去改变它了。

当我们想要劝服他人走出困境，或者面临一些棘手问题的时候，"失败转换"说服法一定能够起到更好的作用。人生其实就是"时间、空间、角度"的问题，当我们利用这三项调整自己的状态，激发自己的思想时，会发现这个世界原来如此奇妙，很多事情换了时间、空间、角度，立刻就会变得不一样了。你们觉得呢？

巧用心理"框架":实现有效说服

8 表达认同:再提出自己的建议

在说服他人时,我们是否定他人观点的,因而才想把自己的观点灌输给他人。需要注意的是,这种否定千万不要直截了当、不加掩饰地说出来,不然很有可能导致对方恼羞成怒,甚至是拂袖而去。一定要学会先求同,后论异,先把沟通的"门"打开,取得某些共识,不然对方排斥你,连"门"都进不了,就什么也没法谈了。因此,我们应该先认可他人。毕竟每个人的情况不同,自然在待人处事上都有自己的出发点和利益思考点。

在这种情况下,我们不能武断地判断对错,唯有最大限度地理解和认可他人,才能得到他人的信任。如果一开始就以否定使这扇门关上了,那么我们又如何得到这扇门的欢迎,进而走进这扇门里畅所欲言地表达自己呢?由此可见,认可他人,博得他人的信任,让他人打开心扉迎接你,对于说服工作的进展是至关重要的。

陈总发现员工老梁最近频频出错,工作效率和业绩每况愈下。陈总并没有对老梁进行严厉的批评,而是趁午休办公室里没有人的时候,把老梁叫到了办公室。陈总对老梁说:"老梁啊,好久没有和你好好聊聊天了,今天中午我正好不困,就占用你一些午休时间,咱俩好好聊聊!"老梁笑了笑说:"哦,好的。"

陈总说:"老梁,你是一位非常出色的工程师,来公司好几年了,对公司做出的贡献,是有目共睹的。你设计出的图纸让客户非常满意,并因此为公司创造了很大的价值。对此,我代表公司谢谢你!"说着,陈总停顿了一下,继续说道:"只是最近,我感觉你出了一些状况。你完成一个工程图所需的时间好像延长了,而且质量也达不到以前的高水准,所以,我有些担心,怕你遇到什么困难。如果你遇到了什么难题,一定要告诉我,我们大家共同来解决。老实说,领导对你现在的这种状况不太满意,因为他们对你有更高的期望。所以,如果你有什么难题无法解决的话,就说出来吧!大家帮你一起想想办法!"

老梁说:"没有什么难题,只是我最近在工作上有些新的想法,这些想法导致我的工作速度变慢了,还好我现在已经摸索出来了。很快,我的工作效率会再上一个台阶,您就放心吧!非常感谢公司领导对我的信任,我一定会努力工作,不辜负大家的厚望。"

看,问题轻松得到解决!陈总肯定了老梁以往的成绩。虽然是批评,但他的批评让老梁很感动。能得到上司如此赏识,老梁自然觉得高兴,毫无疑问,他会做得比以前更好。如果陈总没有采取这种说服方式,而是把老梁叫到办公室狠狠批评一通,会出现什么样的情形?作为上司,这样做是很正常的。但作为下属,听到这样的批评,心里肯定不好受,脾气稍微不好的人,甚至可能不做解释,拍拍屁股走人了事。

从心理学的角度进行分析,每个人都想让别人服从自己的安排,但这样的想法并不是所有人都能实现的。如果是两个脾气火爆、

巧用心理"框架"：实现有效说服

双方都不肯作出让步的人碰到一起，他们就某一事情各抒己见、互不相让的话，一定会难以分出胜负，可以肯定的是，双方都会受到一些伤害；如果双方中有一方能调整好心态，用退让的心态处理矛盾，就可以轻易化解彼此间产生的矛盾。

在美国，神学院毕业的学生，必须要到乡村教会去当一个阶段的牧师，一来可以丰富他们的工作经验，二来可以锻炼他们的韧性和毅力，为他们日后能够更好地宣传神学、更好地发展打下基础。有一位成绩和各方面表现都十分突出的学生，从一所著名的神学院毕业后，自愿到一个以牧业为主、生活十分艰苦、人们的认识还比较落后的村庄去担任牧师。

为了使那里的人们很好地接受自己，并扩大自己的影响，从而使得人们能够更好地领会"神的旨意"，他准备召开一个布道大会。经过紧张而又繁忙的准备之后，他的布道大会如期召开了。但令他失望的是，他等了足足一个上午，却只有一个牧童来到了会场。于是他心灰意懒，准备将布道大会取消，但为了不让牧童反感，他开始主动向牧童征询意见。结果牧童说："亲爱的牧师先生，要不要取消大会我不知道，但我知道一件事，在我所养的100只羊中，就算迷失了99只，只剩最后一只，我还是要养它。"

年轻牧师顿有所悟，决定大会如期举行。牧师使出浑身解数，对这位牧童全力进行灌输引导，想不到这位牧童竟然睡着了。牧师非常难过，却又不好意思叫醒牧童，结果他又等了整整一个下午。到了黄昏，牧童醒了，牧师就迫不及待地问牧童："你为什么睡着了，难道我讲得不好吗？"牧童回答说："亲爱的牧师先生，你讲得好不好我不知道，但我知道，当我在养羊的时候，绝对不会拿我最喜欢吃的汉堡给羊吃，而要拿给羊最想吃的牧草。"牧师经过一番思考，终于大彻大悟。过了不长的时间，这位牧师成了全美国最著名的牧师。

可能有的人会认为，这位牧师的布道大会失败了，因为他在大多数人不需要布道大会的时候举办了布道大会，并且对唯一的一位参加者讲述了人家并不需要的内容；也有的人觉得，他的布道大会成功了，因为他明白了只有从人们的需要出发，再对人们进行引导，才能把神学发扬光大。看问题的角度不同，自然得出的结论也就不同。

其实人世间有很多道理是相通的，我们说话、做事需要考虑别人的需求。尤其是想要将自己的思想传递给另一个人的时候，千万不要以否定的甚至是攻击对方的姿态，而应该先接受对方的立场，帮对方说出他想要说的话，之后再说出比这个更好的做法，这样才更容易打动人，从而达到说服对方的目的。

巧用心理"框架"：实现有效说服

9

巧用赞美：屡试不爽的说服法

如果你想改变一个人某方面的缺点，你就要表示出他已经具有这方面的优点了。莎士比亚说："**如果你没有某种美德，就假定你有。**"最好是先"假定"对方有你所要激发的美德，给他一个美好的名誉去表现，他会尽力去做，而不愿使你感到失望。人性的弱点是喜欢"戴高帽"。

互联网企业在做产品运营的时候，会涉及一个环节叫作用户激励，为了保持用户使用产品的活跃度，而放在企业管理中，就转变成了员工激励，那么何种激励方式才能真正有效呢？如果你的企业有一名员工做事不够细心，你想要改变他，该怎么做？大多数老板的做法是：先把他批评一顿，然后给他指正错误。但这种做法只能引起他的反感，甚至是怨恨。我们要知道，改变他才是最终的目的，那么我们就应该找到一个合适的方法。

有一天早晨，牙医张旻发现他的病人指出她用的漱口杯托盘不干净时，他真的羞愧极了，这显然表示他的职业水准是不够的。当这位病人走了之后，张旻医生就关了自己的诊所，并打电话给自己的清洁阿姨，请她一个礼拜来这里打扫两次。

张旻是这样说的:"张阿姨,最近很少看到你了,不过我想我还是抽点时间,为你给我的诊所做的清洁工作致谢。顺便一提的是,每周2小时的工作量并不算少。假如你方便,请随时来工作半个小时,做些你认为应该经常做的事,比如清理漱口杯托盘等这些烦琐细微的工作。当然,我也会为这额外工作给你报酬的。"

第二天他走进办公室时,他的桌子和椅子,擦得几乎跟镜子一样亮,他几乎从上面滑了下去。当他进了诊疗室后,看到从未见过的干净、光亮的铬制杯托放在储存器里。他给了清洁阿姨一个美誉,就只为这一个小小的赞美,清洁阿姨使出了最卖力的一面。她用了多少额外的时间呢?其实一点也没有。

人性有一个特点是喜欢被别人"戴高帽",当我们想要改变一个人身上的缺点时,我们可以先表示他已经具备这方面的优点了,先"假定"他身上具备这样的优点,给他一个美好的名誉去展现,这样的话,他就会尽力让自己达到这个标准,从而不让人失望。人总是喜欢被激励的,并且他很喜欢这种感觉,当你想要得到一个人的敬重,并且对他的某种能力表示认可和赞赏的话,他就会很乐意接受你。

这一点不仅可以使用在管理员工上,在成交客户方面同样有效。在这个世界上,没有人能够抗拒美好的事情,发生在自己的身上,当你眼中的他足够优秀的时候,他也一定愿意竭尽全力,保持别人对他的赞美。遇到拒绝和异议对销售人员来说简直如家常便饭,要想赢得订单,让自己的腰包不断鼓涨,就必须学会化解异议,这时候,赞美又能派上用场了。

乔恩·布朗曾经说过:"我能让任何人购买我的图书。"为什么他会有这么强的自信心呢?因为他拥有一条推销图书的秘诀:非常善

巧用心理"框架"：实现有效说服

于赞美顾客。刚开始做图书推销员时，有一天，乔恩·布朗出去推销书籍，遇到了一位非常有气质的女士。

当时，乔恩·布朗刚开始学着运用赞美这个法宝。他向那位女士推荐自己的图书，但是，当那位女士一听到他是个推销员时，脸就唰地阴沉了下来："我知道你们这些推销员很会奉承人，专爱挑好听的说。但你遇上了我，这一套就不好使啦！我是绝对不会听你的鬼话的。你省省吧。"

乔恩·布朗并没有气馁，而是从容地脸挂微笑地说："是的，您说得很对，推销员是专挑那些好听的词来讲，说得别人头昏脑涨的，像您这样的顾客我还是很少遇到，特别有主见，从来不会受别人的支配。"

这时，细心的布朗发现，女士的脸已由阴转晴了。她问了他很多问题，他都一一作了回答。最后，乔恩·布朗开始高声地赞美道："您的形象给了您很高贵的个性，您的语言反映了您有敏锐的头脑，而您的冷静又衬出了您的气质。"女士听了之后，开心得笑出声来，并很爽快地买了他一套书籍。过了几天，她又向乔恩·布朗购买了上百套书籍。半年后，她又给乔恩·布朗提供了一份价值几万美元的订单。

俗话说："会说话，当钱花。"当你会说话时，你就会比别人更容易赢得机会，而这个机会就能够帮助你挣到大钱。要让你的腰包鼓起来，其实并没有你想象的那么难，其实只要运用好你的嘴巴，也能轻松达到。无论做人还是做事，要改变一个人，最有效的方式是，传递信心，转移情绪。人是感性左右理性的动物。若一个人的感性被真正地调动了，那么他想拒绝你，比接受你还要难。而要想迅速控制一个人的感性,最有效和快捷的方法就是恰如其分的赞美!

在所有说话技巧里,赞美无疑是最有效的帮助你挣到钱的语言之一。因为赞美就是在利用人性渴望被肯定和认同的心理。我们要赞美客户,就是为了让他(她)获得"自己很美好"的感觉,而这种感觉有助于他(她)对我们产生好感,这个时候,我们所说的话、推荐的产品,就更容易得到认同,成交就是顺便的事了。

导师语录

以赞美对方作为你说服的开场白,就是为自己铺了一条沟通的红毯。

人性特点就是:你不认同我?我又凭什么来认同你呢?想说服他人,千万别一开始就站在对方的对立面!

沟通是双向的,它的成败看时间、场合、对象……所以很多时候,不取决于你说了什么,而取决于对方的反应。

适当给予对方一些紧迫感,会让他觉得即将到手的好处就要流失掉了,他就会想要立刻抓住,就会主动买单。

说服的前提是,你要清楚自己想要什么,同时知道他人的要求,在你和对方的需要之间搞好平衡。

同样的一件事情,人们想象去做和真正做到,其实大脑的反应都是一样的。

在和说服对象的交流中,我们不妨找出他愿意和你进行交流的原因,这样才能对症下药。

任何事物其实都具有两面性的,从不同的角度去看待,它就会有不同的作用。

人生其实就是"时间、空间、角度"的问题,很多事情换了时间、空间、角度,立刻就会变得不一样了。

想要说服消费者成交,产品的效果展示最能直接击中他的需求点!如果所创造的结果达到了预期,甚至是超过了预期,那么买单就是顺便的事!

第四章

艺术境界：为说服创造必要条件

　　每个人最终都是被自己所说服，因此说服是鼓动而不是操纵，说服是一个人影响另一个人或一群人的过程，而影响则是一个优美的艺术，倘若我们能够通过找寻条件、创造条件，去完成这项说服的艺术，那么我们的思想境界也会随之提高，乃至通透。如果我们把自己想象成一个说服的艺术家，一定会有意外的收获。

艺术境界：为说服创造必要条件

1 利用数据：增强自身的可信度

如果你卖手机，却不知道它有多大像素；如果你卖冰箱，却不知道它的耗电率是多少；如果你卖电脑，却不知道它的储存空间有多大，客户还会买单吗？答案是：肯定不会的！你连自家的产品的详细信息都不了解，这样怎么会让客户放心呢？这也就是为什么你说得天花乱坠，最后却无法说服客户的原因！

在如今，很多商家都热衷于玩"文字游戏"，用一些符合产品调性的语言，来"挑逗"消费者的神经，其实这是走软性说服路线，打的是"感情牌"，而列举数字却恰恰相反，它走的是硬性说服路线，是一种更直观、更客观的权威证明。因此利用数据说服对方，是最简单、最有效的说服手段。数字简单明了，能让人对复杂的事物有一个直观的印象；同时数字本身又带有科学的严谨性，人们看到确凿的数字时会一下子被说服。因为在很多时候，它要高于文字的说服力。

杜宇是一个理科生，对数字极其敏感的他，在做了销售之后，把数字玩到了极致。就因为这一点，他用了仅仅一年的时间，就成为汽车4S店的销售经理，而他列出的那些看似"报表"的数据单，成了店内客户的最大"看点"。根据这些数据单，消费者不仅能够自主选择销售导购,还能够在第一时间对店内所有车系有一定的了解。

此前,有一位把定价锁定在10~15万元档次的阿姨,因为杜宇设计的数字化对比,而最终改变了自己的心意,从而转向一些价格稍高,但是车子本身性价比也很高的品牌车,虽然多花了钱,也没有走全款付费,但是阿姨却很满意,因为她在准确的数字对比中,觉得自己占了便宜。

收集如此多的数据,很多人有些不解,但是杜宇自有他的道理:"因为在汽车行业里,消费者所有的感性冲动,在无数次对比中一定会转为理性,那么数字给他们的感觉就很可信、很权威,更容易影响他们的判断。说得天花乱坠,消费者不一定能够理解,但是摆出数字就不同,它的冲击力是巨大的。"

"销售永远是一个相关数字的游戏。" 这句话是营销行业中的不变定律。如果你懂得把产品的优点数字化、具体化,不仅可以更有利于消费者对产品的认知、有利于产品的出售,还可以让你更了解竞争对手的情况,在销售前,让你得以进行优劣对比,扬长避短,制定最佳销售方案。

数据在某些特殊时刻,会变成你独特的卖点,只有用准确的数字为自己的产品和服务做"代言"和说明,凸显出你的独特性,消费者才会心动,从而放弃你的竞争对手,选择你。一般"紧盯"数字的消费者,都是比较理性的,他们会认真地分析比较产品的价位和性能,这个时候,你给出的数字量越准确、越多,就会提升消费者对你的信赖值,成交的机会就会变大。

2007年11月,在世界屋脊珠穆朗玛峰,华为践行海拔6500米的承诺,携手客户部署全球最高海拔的无线基站,实现珠峰登顶路线移

第四章
艺术境界：为说服创造必要条件

动信号全覆盖；2010年4月，在苏里南、圭亚那、加勒比海底，华为深入海底2900米，铺设1127公里的海底光缆系，为当地网络宽带提升3000多倍；2011年3月，在比利时布鲁塞尔，华为支开一张覆盖135万人的3G网络，成为"欧洲首都"圣诞前夕最好的礼物；2011年6月，在挪威斯瓦尔巴特群岛，华为经受北极零下50摄氏度的考验，助力客户开通全球最北的LTE站点，100M无线上网服务覆盖当地居民。

在世界其他地方，华为建立了2万个靠大自然工作的基站。通过风、光及燃油互补供电，华为实现了减少80%的燃油消耗。与此同时，华为通过使用可循环的绿色包装，降低木材使用率90%以上，累计15万立方米的木材量。而这一切都是为了实现"绿色通信、绿色华为、绿色世界"的承诺。就是这些简单的数字支撑起了"华为"的品牌价值。

这就是数字的说服力量。如果你的数字缺乏具体数据，你就很难说服对方。特别是在生意往来交涉上，模糊笼统的内容，更会暴露自己的外行。例如：说明"项目进展缓慢"的原因时，如果你只说"这半年项目进展缓慢"，实在是过于含糊；反之，如果强调"前两个月项目正常进行，由于资金不足的原因停滞了一个月之久，目前还在重启阶段，需要一段时间缓冲和过渡，下一个月将会好转"，便能让对方清楚了解你说的内容。

或许有些人很害怕数字描述，自认为自己的数学并不好。但在商业圈里，"数字"却代表着一切。其实这些数字都是简单的加减乘除运算，只要用心，并不困难。擅于使用"数字"来为自己的话语"作证"的高手，一般都具备着超强的说服力。因此，不管你对数字如何恐惧，请放下既有成见与恐惧，大胆地使用"数字"去说服对方吧！

2

风险保障：降低对方的损失

为什么很多销售人员前期铺垫的很好，客户也十分动心，但是在马上就要刷卡成交的环节，客户却开始犹豫了，他犹豫的根源是什么，你知道吗？因为任何人在下决定的一瞬间，他头脑里的风险意识会被无限制的放大，客户也是如此。通常在刷卡买单的前一刻，他脑袋里会浮现出以下问题：要是买到的东西和描述的完全不符怎么办？要是买到之后，效果不好怎么办？要是买到之后不满意，浪费时间和客服扯皮怎么办？

这些问题会瞬间占据他思维的80%，这时候再怎么描述场景都已经进不去了，思考空间已被想象的发展前景占满了。如果销售人员不想在这关键的最后一刻功亏一篑，那么就要懂得运用"风险承诺"的营销思维，帮助眼前的客户解决好这些顾虑，一旦你提供了保障，就像送给他一份保险一样，他觉得足够"安全"，自然就会愿意掏钱买单了。

英国有一个成功杂志，在卖一套《减肥36计》的光盘，一整套卖400英镑。它提供的承诺是：如果你不成功，三个月之内100%退款。就是说，你按照我的方法去做，如果你不能成功，我100%退你钱，

第四章
艺术境界：为说服创造必要条件

对方没有任何风险。结果发现退的有46%，非常高。

后来这个杂志请来一个营销专家，这个营销专家非常有智慧，他总是逆着别人的方向思考，他说："你这个东西太简单了，你应该提供双倍的零风险承诺：如果三个月不成功，我退你800英镑！"杂志社老板不可置信地说："你疯了吗？不可能的！"

营销专家说："当然可能，但是有一个要求。因为我要还你一倍的退款，所以我对你有一个小小的要求，当你退款的时候，请你把每天锻炼开始和结束时的照片发给我，可以吗？"结果杂志社按着这个方法做了之后，退款率降到了4%，为什么？因为很多人只是想减肥，但是却什么都没有做。

谁能在成交的关键时刻，解决客户的担忧，也就是打消他的风险意识，成交率提升那是板上钉钉的事。想尽一切办法打消客户的顾虑，风险承诺思维是解决这个问题的最有效保证。

因此，我们想要做好生意，就要对自己的产品有信心，要敢于对客户做出合理的风险承诺，只有不断为客户提供价值，给客户提供结果的产品，才能在竞争中保持优势。

去年，李艳的团队和其他大品牌的公关公司公开竞标，这种以小博大的行为，很多人都不看好，觉得花时间弄标书，费尽心思策划方案都是浪费时间的事情，甲方公司来头很大，怎么可能和一家名不见经传的小公司合作呢！但没想到最后，李艳的团队接到了这个项目任务，甲方给出了完成期限，之后顺利签了合同。这让大家都很意外，包括李艳自己。

与往常不同的是，此次项目的需求定制化程度很高，技术难度也十分大，但是这些都不能阻挡李艳的决心，她带领团队开讨论会，确定部署计划，之后再让技术人员不断尝试操作，最后大家终于按照甲方需求做好了这个项目，可最后被告知这并非客户所期望的效果。为了兑现对客户的承诺，又和客户进行了一次需求沟通，重新提出解决方案，在新方案仍然无法达到用户期望的效果时，只得再次进行沟通，就这样反复讨论多次后终于明确了客户的真正需求。

但因实施起来较为困难，只能详细向客户解释部分功能在技术上无法交付的原因，最后，他们在尽力帮客户达到其需求效果的前提下重新设计了合适的解决方案，并以专业的技术和能力说服了客户，历时三个月后，方案终于得到了客户认可，并且完成了交付。甲方领导对此十分满意，并夸赞李艳的团队是一流的技术团队，还说："之前合作的公司有很多，像你们这样敢于承诺做不好就分文不收的真是没有遇到过！不过事实证明，你们做得很好！"李艳和团队成员相视一笑，原来这才是说服甲方公司的真正原因。

有一项专业的调查报告显示：顾客的购买风险是商家销售风险的两倍。因此，消费者购物时前思后想，小心翼翼，唯恐作出失误的购买决策是可以理解的，谁也不愿意遭受损失。而在消费者进行思想博弈与抉择的过程中，他的购买的欲望其实在不断地递减，到最后可能放弃购买，而这种情况在相对昂贵的理性商品消费中就更为明显了。

现在一些智慧的企业推出了超长的产品保修期或各种售后服务，大大降低了消费者的风险心理，因此可能增加的成本远低于消费者因为放心购买而产生的销售利润。当然除了这种方式之外，我们还可以为产品找到消费者信任的背书者，比如××机构权威认定、××专家鼎力推荐，或是其他消费者的反馈信息等，这些具有权威证明，可以把消费者购买时的各种顾虑与风险消除，可以帮助我们有效提高产品的销量。

艺术境界：为说服创造必要条件

3

特殊对待：给对方制造优越感

21世纪企业竞争的根本是人才的多与寡。一个优秀的企业里，一定有众多不同层级、不同技能的人才。这些人才就是企业发展的支柱。身为一家企业的老板，一定要有慧眼识英才的本领，不仅如此，对待一些格外出众的人才，一定要使用"特区政策"将他收拢到自己的旗下，为自己的企业服务。

在使用"特区政策"时，老板可以对不同层次的人才给予不同的优惠、待遇。例如：开高薪资、多给住房补贴、额外的假期、定期的红包奖励等！这些对优秀人才的额外奖励和优惠，既可以满足高层次人才的需求，以及生活中的便利，更可以帮助你快速收拢人心。对于一些难得的优秀人才，老板必须使用一些"特区政策"，这样不仅可以为企业增加优质的"新鲜血液"，还能够更好地带动公司的发展。

森达集团以前只不过是江苏一个并不富裕地区的小公司，但为什么不过十几年的时间就创造了一个庞大的"森达帝国"，击败了许多原来名声显赫的国有公司，成为中国皮鞋第一品牌呢？就是因为两个字：人才！

森达总裁朱湘桂偶然得知，台湾著名的女鞋设计师蔡科钟先生在临上海，并有在大陆谋求发展的意向。他得到这个信息后十分高兴，决定效仿当年刘皇叔三顾茅庐的做法，第二天即赶赴上海。经过促膝长谈和多方了解，他确信蔡先生是不可多得的人才，打算聘用。但蔡科钟要求年薪不少于300万元。朱湘桂尽管有足够的思想准备，还是吃了一惊，聘用一个人，年薪300万元！值吗？经过深思熟虑，他作出了决定：聘用！

蔡科钟上任后，以其深厚的技术功底、创新的思维和对世界鞋业流行趋势的敏锐感觉，把意大利、港台和中国内地女鞋融为一体，当年就开发出120多个品种的女单鞋、女凉鞋和高档女鞋。这些式样各异的产品一投放市场，立刻成为顾客争相购买的"热货"。

十八条前提假设告诉我们：世界上，没有两个完全一样的人，自然也没有完全一样的需求。因此，身为一名智慧的老板，必须懂得针对不同的优秀人才使用不同的"特区政策"，想要挖掘并留住这样的人才，先搞定对方大脑潜意识三套软件，之后满足他的需求，就能够实现自己的最终目的！

森达总裁朱湘桂充分利用特殊对待的方式，提高了蔡科钟的优越感，从而轻松达到了说服的目的，这个调动人性的策略，放在其他方面也能够产生这样的效果，因为当你给别人创造一定的特殊权利时，别人就会感觉自己受到了关怀、重视，从而产生一种优于他人的心理，觉得自己拥有了某种优势，某种能力，这种感觉的诱惑力是非常巨大的。

在公司快要倒闭的时候，身为董事长的赵世豪请求股东再次出资，再相信他一次，可是股东们都无动于衷，并且觉得公司没有再发展起来的可能性了，就在这个时候，他才忽然想起一个曾经忽视的小股东，这位股东十分低调，本身占股也不高，几乎也没来开过董事

第四章
艺术境界：为说服创造必要条件

会，都是以邮件沟通的。

为了得到这位股东的支持，赵世豪来到了这位股东的家里，才发现这个股东是一个快要七十岁的老爷爷，他给赵世豪倒了杯茶水，之后两个人沟通了起来。把公司目前的处境都说完之后，赵世豪开始请求他的帮助，但是这位老爷爷只顾着品茶，随后才缓缓地说："你的大股东都帮不了你，我更没什么作用了。我并不重要，也帮不上你什么的。"

这个时候，赵世豪十分诚恳地说："不是这样的，您很重要，您现在的支持就是公司最后的希望，我希望您能相信我，我保证公司一切恢复正常之后，您会成为我们的第一股东，并且我将以您的名字给公司的图书馆命名，您会享受公司所有员工的拥戴……"就是这段话，让这个近七十岁的老爷爷动了心，果断拿出了自己投资的房产积蓄，把这个公司救了下来，而赵世豪也守信地完成了他的承诺，并且还回馈给了这个老爷爷更高的投资回报。

在这个世界上，谁不想成为一个拥有优越感的人呢？很多时候，为了融入社会这个大环境之中，很多人都克制着自己的优越感，但内心中对优越感的渴求是十分迫切的，优越感不仅能够证明自己的优秀，同时也能够享受别人无法享受的待遇。无论我们想要说服的对象是谁，都可以试着给他一点"优越"的甜头，这绝对是说服成功的加速器。

回想一下，现在社会上有很多产品和服务，都已经成了顾客优越身份的象征，由此可以预见：未来商业时代的竞争，将不会像以往那样聚焦在产品或服务的本体层面，而是会超越这个层面，转而聚焦到顾客通过产品或服务所能获得的情感溢价上，这都是"优越感"而产生的情感效应，这种情感效应也是说服顾客为产品买单的最佳理由。

4
权威效应：增添说服的可信度

在现实生活中，"权威效应"是十分常见的，有时候我们为了说服他人，会不自觉地引用某位权威人士说过的话，比如"这是某某大师的建议""某位名人也喜欢这样做"等的话语，用这样的方式来向对方施压，也能给自己的话语增加分量，当然大多数人也十分愿意听从专家或权威人士的意见。

"权威效应"的普遍存在，首先是由于人们有"安全心理"，即人们总认为权威人物往往是正确的楷模，服从他们会使自己具备安全感，增加不会出错的"保险系数"；其次是由于人们有"赞许心理"，即人们总认为权威人物的要求往往和社会规范相一致，按照权威人物的要求去做，会得到各方面的赞许和奖励。

两千年前，罗马诗人维吉尔对那些希望做出正确选择的人，提出了这个简单的忠告："**相信专家的话。**"他的话未必是一个好建议，但作为对实际情况的描述，却无可置疑。例如，当某个著名专家对某个话题的看法在新闻媒体上出现后，它所产生的舆论效果是十分惊人的。

根据《舆论季刊》（*Public Opinion Quarterly*）在1993年刊登的

第四章
艺术境界：为说服创造必要条件

一份研究，《纽约时报》上一篇专家观点的新闻报道就可以在全国范围内引起2%的舆论转变。而且，1987年研究人员在《美国政治科学评论》（American Political Science Review）上发表文章说，当专家观点在全国性电视节目中播出后，舆论改变可高达4%。愤世嫉俗的人可能会争辩说，这些发现充其量说明公众容易受到控制、容易轻信和顺从。

但是，更公正的解释应当是，面对现代生活的纷繁复杂，一位经过慎重挑选的专家可以为我们提供宝贵而高效的捷径，帮助我们制定出色的决策。事实上，有些问题，不论是法律、财务、医学或技术方面的，都需要具备非常专业的知识才能解答，因此我们别无选择，只能依靠专家。

某一个领域的权威人士，他们本身就是说服力的象征，比如来自一位医生、教授、律师、科学家所阐述的观点，我们就会觉得十分可信。因为我们与这样的人物所产生的关系，本身就是建立在对他们的信任的基础上的，不管到底应不应该，我们心理上都习惯于给这些专业人士罩上一层智慧的光环，从我们的内心深处，对他们所说的话会自发产生个人倾向性。

这也就正应了那句老话：人微言轻，人贵言重。这八个字表述的就是这种现象。"贵人"的"贵言""贵事"，往往会帮助我们在沟通中占据主导地位。有的时候，那些权威人士根本不需要开口说话，也能够传达出说服力，这就是所谓的"权威"影响力。因此，我们在说服别人的时候，不妨采用一下这个方法，也许就能收到事半功倍的效果。

有位图书出版商把一本书寄给了总统，诚恳地请求总统给这本书写点评论的话。日理万机的总统没有时间理会他，便敷衍地说："这本书不错！"于是，图书出版商马上登广告说："这是本连总统都说不错的书！"这本书一下子就流行起来了。

过了一段时间，出版商又拿了一本书请总统评论。总统这次学乖了，他说："这本书很不好。"没想到，出版商又登了广告，声称："这是一本总统很讨厌的书！"大家看到这样一个广告，都十分好奇："这是怎么样的一本书？"于是纷纷跑来选购。

第三次，出版商又拿书给总统。总统再也不上当了，始终不发表意见。结果，出版商再登广告，说："这是一本让总统无法评论的书！"新书再次大卖。

这个小故事告诉我们一个道理：那就是无论权威人士说了什么话，只要我们善于操作，都能够让我们实现自己想要的结果。这也就是说：很多时候，权威人士说了什么话并不是那么重要的，重要的是这句话是权威人士说的！一个人地位高、有威望，那么他所说的话和所做的事，就容易引起别人重视。

如果你是一个经常参加会议的商务谈判人士，那么用"权威"来提升自己的震撼力和说服力是再好不过的了！在大多数会议开始前的初步交谈中，你一定能找到机会简单介绍一下自己的相关背景和经验，作为社交谈话的一部分。那么，这个时候，你通过提前展露个人信息，就能够顺利地在谈判或会议刚开始时就确立自己的专业权威，因此当讨论转入正题后，你所说的话便会得到应有的尊敬。

第四章
艺术境界：为说服创造必要条件

5

巧用激将：实现轻松说服

在现实生活中，很多时候我们都要用到说服的技能，当我们和颜悦色的"请求"无效时，可以选择用激将法，来达到说服他人的目的！尤其当对方是一位性格鲜明的人时，我们采取激将法效果会更好！当我们激发他的强烈反应，一石击起千层浪，当他同情、反感或者极度欢乐或悲伤的时候，也是他最脆弱的时候。然后，我们再步步相激，"逼"他就范。

所谓的激将法，其实就重在一个"激"字，你要先找出他的弱点，然后去攻击他的弱点，让他冲动甚至发怒。人在盛怒之下，必然失去应有的理智，这时，他就很容易地听从你的要求。有一句话说得好，适当而巧妙地运用激将法来鼓励员工，是非常不错的一个管理方法。

美国著名政治家艾尔·史密斯曾任纽约州州长，当时，纽约州的星星监狱十分难以管理。监狱里经常发生斗殴、骚乱，几任监狱长都被迫辞职或被撤职。史密斯想找一位能干的人来管理这所监狱。可是，这是一件很困难的事。经过几番物色、筛选，他相中了一名叫刘易斯的人。

史密斯召来了刘易斯对他说："让你当星星监狱的监狱长，你看怎么样？"对这个监狱，刘易斯也有所耳闻。早听说以前的监狱长要么死在任上，要么干了几个星期就向上司提出辞职。想到这里，刘易斯有点不知所措。

史密斯发现他犹豫不决，知道他心里有所担心，便决定激他一下："年轻人，看起来你是害怕了，不过，这也很正常，谁都知道星星监狱的情况糟糕透了，没有人敢接手这个工作，但是，我觉得你是位很适合的人选。当然对你的畏惧心理我不能加以责怪，那是一个困难的工作，又充满了危险，我总不能命令你去接手这个工作吧。不过错过这个工作，我会为你感到遗憾，特别是对你这种喜欢挑战的人。"

刘易斯被这番话激怒了，他无法容忍别人说他是胆小鬼，于是他欣然答应了州长。后来，在刘易斯的管理下，星星监狱的情况有了根本好转，而他也成了星星监狱历史上最有名气的监狱长。

激将法是利用员工自尊心和逆反心理积极的一面，从相反的角度，以"刺激"的方式对员工寄予良好的期望，以激起他"不服气""不服输"的精神，使其产生一种奋发进取的"内驱力"，将自己的潜能充分地发挥出来，从而收到良好的管理效果。在使用激将法的时候，智慧的企业家，一定要明白一个道理，这种方式只对有上进心的员工有效，对自己本身信心不大的人，可能会起到相反的效果。

除了管理员工，激将说服法也常常运用到销售当中。俗话说的好，"请将不如激将"，在推销洽谈的成交阶段，销售人员若能巧妙地运用激将法，一定能收到积极的效果，取得更多的成交机会。当然销售人员必须运用适当的语言技巧巧妙地刺激客户，但要保证不能太

第四章 艺术境界：为说服创造必要条件

伤害客户的自尊心，这样才能顺利地利用客户逆反心理作用，去完成产品交易。

一位女士在挑选一套化妆品时，对某种牌子的化妆品较为中意，但又犹豫不决，旁边的销售员说了很多动听的话，也没有让这个女士选择下单购买，这个时候那位女士还偏巧来了一个电话，眼看自己的生意就要泡汤了，销售人员显得有些着急，但这个时候打断女士的电话更不合适。

没过一会儿，这位女士终于挂了电话，刚才看化妆品的那种氛围也消散了。这时，她又看了这个化妆品一眼，转身就要走了。没想到，销售人员忽然说道："美女，看您挺喜欢这套化妆品的，不过您有您的顾虑，要不您征求一下您先生的意见再做决定吧？"就这么一句话，本要离开的女士忽然又扭头回来说："我买什么东西都自己做主，这事不用和他商量。给我装上吧！"就这样，销售人员成功销售了这套化妆品。

激将法，虽然对说服客户有一定的成效，但是销售人员也要注意，在运用激将成交法时，千万别激错了对象，这样反而会置自己于死地，或使事情向更坏的方向发展，反而不利于成交，要学会根据不同的交谈对象，采用不同的激将方法，这样才能收到满意的效果，达到顺利成交的目的。

此外在运用激将成交法时，销售人员要注意不能逼迫客户。销售人员不应该向客户提出这样的问题："您下定决心了吗？""您是买还是不买？"尽管已经看到产品的好处和购买的利益，仍有不少客户受自尊心的驱使，不愿意就此放弃原有立场，如果推销一方要这些客户马上回答上述那些问题，客户必然感到难堪，导致成交困难。

6

主动比较：以实力轻松说服

销售人员第一步就是，要学会化被动为主动，其次就是必须要学会寻找自己产品的亮点，通过比较，突出其他同类产品不具备的价值，从而获得客户、促成签单。我们都知道：顾客在进行消费的过程中，最爱做的事情除了杀价，还有一件事就是：货比三家！与其让他主动将你的产品和别家进行比较，不如"反守为攻"，主动出击！

"不怕不识货，就怕货比货。"如果是你先开口，主动和别家的产品进行比较，你就占有了主动权！因为你一定会拿自己的优势去说话。而最终孰优孰劣，通过比较，客户自然心里有数。不过在追求效率的今天，很多客户并不懂行情，也没有充裕的时间去比较，作为销售人员，如果能帮助客户做好各类比较，那么说服客户签单就会变得顺理成章。

李佳刚刚结婚，在置办家具的过程中，需要买一台冰箱，可是她去了各大商场，选来选去都拿不定主意。有的冰箱价格高一些，是大品牌；有的冰箱品牌知名度不高，但是功能同样齐全，价格也便宜。

正犹豫不决时，一个销售人员走了过来，他笑着给李佳做了一番

艺术境界：为说服创造必要条件

分析："姐，我建议您购买大品牌产品，虽然在价格上会略高一些，但是它的品质是有保障的，小品牌因为知名度小，在配套服务上会逊色很多，而大品牌无论是在口碑还是售后服务方面，都是相对完善的，一旦有问题，客户也不会有后顾之忧，而大品牌冰箱的使用寿命往往也更长。"

听销售人员这么一说，李佳想：买一台冰箱毕竟需要用很久，质量还是非常重要的，即便是多花点钱，也买个安心。后来，在导购引导下，李佳最终选择购买了大品牌的产品。

"销售人员要做的，就是让客户相信，这是一次性价比极高的消费体验。在'比较'方面，一是可以比较性价比，二是可以比较产品的延伸价值，三是可以比较产品的质量，通过这三方面的比较，突出你产品的优势，客户就比较容易签单！" 只有通过有效比较，产品的性价比才会彰显，也只有通过有效比较，客户才会更明确自己的选择。

当然，除了和竞争对手比较之外，我们还可以在"价格"上运用对比的方式，去刺激顾客进行消费。无论消费者如何理性，总是会受到商家们设定价格的影响。尽管我们都试图保持理性而客观，却未必掌握了足够多的信息，也未必拥有足够的知识储备，在特定的环境影响下难免陷入情绪化旋涡。这也是经济学意义上所谓的"有限理性"。而消费者的"有限理性"常常会被商家运用在营销方式中，其表现是：消费者对价格之间的相对差距十分敏感，但是对价格的绝对数值却没怎么敏感。相对差距稳定而一致，具体的数额却无比随意。

李楠从国外留学回来之后，在外企找了一份工作，随后为了挣更多的钱，他还办起了一家英语培训班，最开始的时候走的是线下实体教学，不仅要租用场地，还要花费时间和精力，后来在一个朋友的帮助下，他做了一个英语在线学习平台，但是不懂互联网推广的他，还不知道如何为自己引流。

而恰巧他的一个朋友不仅懂得运用互联网推广工具，还知道如何做一些引流的广告文案。他的朋友想：虽然培训人群是上学的孩子，但是买单的却是孩子的家长。于是根据李楠英语培训班的定位，他的朋友决定用最简单的价格锚点对比法，衬托英语培训班的价值。

他朋友最后给出的文案是这样的："在大多数的英语平台，你为孩子报一个英文培训班，至少要花1万+，上课的老师口语不确定一定标准，或者你可以在×××少儿英语平台，与老师进行一对一的交流，花5000元，自己挑选外教老师，将发音最纯正的外教请回家，随时随地，想学就学！"价格上的衬托，以及推广渠道多样化，最后引流的效果还是很不错的。

上面的案例就是通过预设价格和实际价格的对比，使消费者对商品的价值产生一种强烈的刺激感，让他们觉得产品的性价比极高，于是下定决心购买。因此，在我们的目标用户对一个产品价值不清楚或没有准确评估的时候，我们不妨多考虑使用价格对比的方式。

这样我们便可以利用人们对产品第一印象和第一信息所带来的影响力，去塑造产品的性价比，就更容易引导他们进行消费。但有一点，我们必须要注意：那就是我们所设置的预设价格千万不可以过高，要根据产品实际来考虑，如果写的太过夸张，不但不能为自家产品塑造价值，反而会让顾客对我们失去信任，从而不利于产品的销售。

第四章 艺术境界:为说服创造必要条件

7

利益捆绑:双赢自可达成说服

《史记·货殖列传》中有这么一段话:"天下熙熙,皆为利来;天下攘攘,皆为利往。"说明古人早已意识到任何交往、合作都离不开"利"字,也就是我们今天所延伸的利益。曾经有位名人说:"这个世界上没有永远的敌人,只有永远的利益。"这句话的意思是说,在利益面前,即使原本是敌人的人,也有可能因为利益结成同盟,从而更好地一起谋取利益。

由此可见,利益的吸引力和诱惑力是强大的。正是在这种心理的驱使下,当人们彼此之间利益一致的时候,就会变成同盟的关系,来一致对外,齐心协力地创造利益,获取利益。所以,我们想要说服别人和自己合作,那么就要告诉对方合作之后能获得什么利益。如此一来,说服就成了顺理成章的事情了。

一家名为东海电器行的电器商场老板经营有方,在业界获得不错的成绩。最初,这个城市有若干家专门经营电器的商场,经过严酷的市场淘汰,只剩下东海电器和华美电器两家。东海和华美有过激烈、残酷的竞争,谁也不甘心向对方低头,双方的关系势同水火,非常僵化。

不久，一家著名跨国电器公司进入这个城市，境外企业的庞大实力使本土企业受到极大压力，屡屡面临危机。这家境外电器公司已经横扫几个城市，众多本土企业被它击败甚至兼并，经过反复考虑，东海电器行觉得，只有东海和华美两家联合，才有可能应付境外大公司带来的冲击，为自己的企业留下一线生机。

曾经是对头冤家的东海和华美的谈判开始并不顺畅，双方的芥蒂和偏见一时无法消除。东海电气行的谈判代表说："现在的形势是强敌入侵，两家公司的处境都很艰难，岌岌可危，联合才是根本出路。孤军奋战的话，"这位谈判代表顿了顿说："我们可能会像其他小企业一样，被这个巨无霸吞并。"这些话既有大局考虑，也有现实威胁的警告，给华美电器行的谈判对手带来了心理压迫感。经过反复衡量，华美终于答应摒弃前嫌，两家企业携手应对目前的危局。

让别人为自己做事，而且是要他心甘情愿地做，该怎么说、如何说，都是一门艺术。用权威来压人或者用一些理由来说服，都不会收到什么效果。古语有："与人方便，与己方便。"其实这就是对上面这个故事的最好注解。让自己的目的和对方的一些意愿或者切身利益结合起来，用这个来说服别人，结果一般都是双赢。

无论人们对"利益"如何理解，但如果想要对方和自己合作，那么必定是以合作双方的利益为基础，任何合作其实都回避不了"利益"二字，无论是企业对企业，还是企业对人，或是人对人……只是双方具体以什么样的方式合作才能双赢，而非有一方"无利可图"或成为利益受损方。下面，我们来看这样一个事例，看看这位老板是如何利用"利益捆绑"来实现以"小"取"大"的。

艺术境界：为说服创造必要条件

有这样一位老板，他卖的是一种热能回收系统的产品，比如：洗澡时候用的热水，可以经过回收，对废水进行热交换，废水的热能重新回收利用，达到节能的效果。一开始设计这套设备是想卖给普通家庭使用的，后来他把这个产品免费送给理发店，免费上门安装，免费使用！

理发店老板一听，还有这好事，不花钱可以得到一套设备，不但可以帮自己节约用水，还可以省电、省煤气，都同意了安装。但安装之前有一个条件，产品可以免费给你使用，但店里不重要的日常用品的采购要交给我，比如一次性消毒手套、消毒毛巾、洗发水等，同时你现在拿货多少钱，我给你同样的价格，同样的品质、同样的牌子。理发店老板一听，觉得自己去哪里买不都是买吗，反正是一样的价格、一样的产品、一样的品质，交给他去采购也无妨，自己还可以免费得到他的产品，帮自己降低成本。

这样的条件，基本上谈一家成一家，整个城市大大小小理发店有几千家，高中档理发店全包含在内，细算一下平均一个店一天给这个老板带来100～200元的利润，一个月一家店就是3000～6000元的利润，几千家下来，他一个月挣的钱能达到300万～600万元。而他的热回收产品成本才1000多元一套。只要谈成一家店，一个月内就可以收回成本，以后都是纯利，只要别人的理发店在开，他就能赚钱。

在这个事例中，这个老板充分运用了"共同利益"的说服原则。原本，这个老板的正常思路是去售卖热能回收系统的产品，但是他这样做难度很大，所以干脆就通过免费赠送的方式去换得其他方面的利益。他很聪明，所以没有说服这些理发店多花些钱来购买自己的热能回收系统，而是从理发店的角度出发，想办法帮对方省钱。

尽管这是一个销售策略,但是理发店的老板思来想去,自己只有得利,没什么损失啊!最终,这个老板与理发店老板成为同一战壕的战友,向着共同的目标努力奋进。最终,这个老板免费给理发店安装了热能回收系统,替理发店老板省了水费、电费、煤气费,而这个老板也通过购买日常用品对接理发店赚取差价,挣了很多钱。

第四章
艺术境界：为说服创造必要条件

8

稀缺原理：激发对方的紧张感

俗话说：物以稀为贵。罕见的人物总是特别引人注目，稀罕的事物同样也会受到人们的追捧，价格也大不一样。为什么一个小小的古玩价值连城？为什么一幅名家字画能拍得天价？为什么在日常生活中钻石比水贵重万倍，而在沙漠中水又比钻石重要万倍？就是因为它们稀缺，或者说具备某种意义上的不可替代性。

人类对于失去某件东西的感知强度要远大于得到某件东西，当你在说服的过程中暗示了"稀缺性"，对方就会产生"天啊，这次要是不得到，下次就没有机会了"的想法。在对方的脑海中，把错过这次机会和痛苦的感受建立起联系，那么成功说服的把握就会大增。从经济角度看，稀缺创造价值，让产品产生巨大的溢价。从情感角度看，稀缺产品带来心理的满足，带来疯狂，带来荣耀，带来口碑传播。因此，创造商品的稀缺性，要让人觉得拥有它就是拥有更高的身份和地位。

有这样一个典型的案例：花旗银行推出的名为"Ultima"的黑色信用卡，被业内人士称为"卡中之王"。这种黑卡十分特别，因为它根本不接受任何人的申请，只有银行主动邀请客户加入。这种黑卡的年费高达1万元人民币，但是因为只有极少数的顶级客户才有资格拥有它，所以仍然有很多人希望得到它。

VSA无限卡，也是类似黑卡的最高端信用卡产品，同样有很高的年费标准，同样不接受申请，持卡人只有经过苛刻的条件审核后才被邀请。而这些能通过审核的持卡人通常来自高收入群体，通常是被业内以"金字塔顶端"的1%人群的称谓。能够拥有这两种卡的人，身份自然也不言而喻，一定是十分高端的人士。

通过刻意制造稀缺，这些信用卡已经不再是单纯的信用产品，而成为一个身份与社会地位的象征。当一种稀缺的事物，受到人们的追捧，而变成身份与社会地位的象征，它已经不需要做出任何的说服，自然就能对人产生强大的吸引力。所以，很多时候我们逛街都会看到许多实体店上写着：最后几件，欲购从速。不得不说，这是一个常见却又十分好用的营销策略。

稀缺原理，除了用在商业领域之外，也可以很好地引入亲子教育中，父母可以试着把没什么吸引力的事，去变成孩子需要争取的稀缺资源，这样就能充分调动出孩子的积极性。很多时候，父母在管教孩子的过程中，都用强制性措施用力把孩子往自己期望的方向推，结果越是用力，孩子越想反着来。这时我们可以借用人性中"稀缺原理"，通过对资源的调剂，减弱教育目的中那股强制的味道，孩子就能够顺利走上我们期望的"跑道"。

小萌是一个六岁的小孩子，但是现在的她却成了学前班里的"故事大王"，语文老师经常让她给同班同学分享自己知道的故事。到底是什么？能让这个六岁的孩子储备了这么多的故事呢？后来老师

第四章
艺术境界：为说服创造必要条件

才知道：这一切都是因为小萌妈妈的引导性培养。在小萌四岁的时候，她的妈妈就开始培养她的阅读习惯。担心小萌对听故事反感，于是小萌妈妈就想把听故事变成一个需要争取的稀缺资源。

计划开始了，小萌的妈妈有时会故意对她说，"今天妈妈工作特别累啊，实在没有精力给你讲故事了，要不咱们今天的阅读时间暂时取消？"她会很不满地质问，"那我什么时候才能听故事？！"小萌妈妈故作犹豫状，"嗯，看你表现吧，要是你能自己的事情自己做，比如刷牙洗脸呀，妈妈有时间休息一会充点电，就可以继续给你讲故事啦。"

为了争取到听故事的权利，小萌开始动力十足地做了不少事儿，或许是努力争取来的权利特别宝贝，每次听故事都很认真，有时拽着妈妈多讲一个故事，跟占了多大便宜似的。慢慢地，小萌为自己争取到的听故事的时间越来越多，自然脑袋中储备的故事也就越来越多了。

父母越想孩子去做什么事情的时候，就越要注重完成这件事情的方法，把控好节奏、力度，切忌急于求成，先想办法让这件事情成为孩子眼中不容易得到的、稀缺的东西，那么他自己就会动起来，这样效果会更快更好。

所谓的"稀缺原理"之所以好用，正是因为它遵循了人性的特点，它不光仅仅针对大人，孩子也是一样的，只要是一个正常人，就会对自己认为稀缺的东西产生巨大的动力。对于那些得不到或者难得到的东西，对孩子来说更具吸引力，并且还会付出相应的努力跟代价，利用这一点，父母可以让孩子从被动变为主动，实现最终的教育目的。

9

找准时机：说得好不如说得"巧"

你有没有遇到这样的情况？谈生意时就只差那临门一脚，对方却怎么也不点头，你感到沮丧极了，觉得自己白白浪费了这么长的时间。但某天一大早，你再去拜访这位客户，结果对方竟然十分爽快地答应了，这时的你可能除了惊喜之外，还会觉得有点莫名其妙。可其实这样的情况，是生活中常会发生的事。

像这种一直都无法成功说服对方，只要我们稍微留点时间让对方考虑，对方或许就会爽快地点头答应的情形，生活中屡见不鲜。赶上一个人坏心情的时候，好事也会变成坏事；而赶上一个人好心情的时候，坏事兴许反过来还能变成好事。所以，我们才一直强调：说服的时间很重要。下面，我们来看这样一则事例：

有一天，身为项目经理的王晓宇准备到总监办公室进行提案，希望能够得到总监的认可和协助，但正当她要敲门进入总监办公室的时候，却听见总监正打着电话，话语中很是气愤的样子，这一下就打消了她找总监的念头，于是转身回去了。

同事见她这么快就回来，于是问道："这么顺利啊？总监通过

第四章
艺术境界：为说服创造必要条件

了？"王晓宇笑了笑说："怎么可能啊，我是还没有和她说，她刚打完电话，心情差得很，我这个时候去申请提案，通过率为零。所以我决定等她情绪好一点的时候，再去和她说这件事情吧。"同事明白地点了点头，转身工作去了。

整个一天，王晓宇也没再提这个事。次日早上，她看见总监笑着从门外走了进来，还和部门的人亲切地打招呼，看起来心情很不错，这个时候她赶紧拿着自己的提案跟了上去，一路尾随到总监办公室，总监看见她问："你有什么事儿吗？"她便把提案拿了出来，递给了总监，然后说了自己的想法，总监仔细想了想说："这个咱们没做过，公司也没这个预算，不过真的照你说的能引流的话，试试也是可以的，但是我还是要看效果。"王晓宇一听，马上保证："放心，总监，我会好好干出结果的，真的不行就停了。"就这样，提案顺利通过了。

上面的故事，说明了把握好说服时间对说服而言是十分重要的。不过，抓准说服时机的关键到底是什么呢？其实没有一个固定的答案，因为较易说服的时机，必须是根据说服对象的性格、思维方式等而有所不同的。若是找的时机不好，本来可谈妥的事也可能谈不妥。我们想要去说服别人的时候，绝对要找对方最空闲的时间，这一点必须留意，如此一来才能作出高效率的拜访计划。

除了找准合适的时机之外，我们还可以主动为自己制造一个好的时机，这样主导权就会回到我们自己的手上，并且对于这种制造出来的时机，对方一旦选择进入，便会更加不好意思回绝我们。下面，我列举一个调查实践案例，让大家看看调查小组是如何利用引导性语言，为自己制造一个说服的好时机的。

一个调查机构布置出一项任务，让调查人员通过向顾客提问一句带有正向检验策略的提问作为"开关"："你认为自己乐于助人吗？"去引导顾客协助自己行动。测试开始之后，调查人员开始走上车水马龙的大街，寻找着自己的目标顾客。

调查人员在拦住目标顾客之后，就会问出那句"你认为自己乐于助人吗？"很多顾客对这个问题没有任何防备心理，多数人在短暂的思考之后，都给出了"是"的答案。当人们在心底肯定过，也当众承认了自己乐于助人之后，调查人员立刻抓住这个瞬间扑上去，请求他们协助自己的调研。没想到的是，顾客参与率竟然从29%提高到了77.3%。这个手段是不是很熟悉，在销售中我们常常运用这种方式，给自己接下来的销售创造一个更好的时机！

我们平日所做的沟通、说服工作，都有着说服对象较容易接受的时间或时机。因为我们说服的对象是人，当然有烦躁、发怒、不愿意理人的时候。有时，当他因什么事而苦恼，他就会说："虽然不是什么大不了的事，但现在我的精神状态不好，不能听别人说话。"或者是他正忙着，压根没时间听人慢慢解释。在这个时候你想去说服他，他可能只会觉得你是麻烦制造者，这样的沟通是难有好结果的。

如果我们不善于看准机会，就不能恰到好处地说服别人。因此，在沟通之前，你必须知道对方处于什么样的精神状态才行，人的内心不是那么简单就能看透的，有时候表面上可能会装出一副冷静的样子，但是内心却有股怒气正要爆发，不过这样的情况是否能被看透，成为一个重要的信息源，这就要看说服者本身的洞察力了。

导师语录

如果你的数字缺乏具体数据,就很难说服对方。特别是在生意往来的交涉上,模糊笼统的内容,更会暴露自己的外行。

谁能在成交的关键时刻,解决客户的担忧,也就是打消他的风险意识,成交率提升那是板上钉钉的事。

权威专家证明,往往会帮助我们在沟通中占据主导地位。

只有通过有效比较,产品的性价比才会彰显,也只有通过有效比较,客户才会更明确自己的选择。

从经济角度看,稀缺创造价值,让产品产生巨大的溢价。从情感角度看,稀缺产品带来心理的满足,带来疯狂,带来荣耀,带来口碑传播。

说服需要"条件"的支撑,如果没有具有价值的"条件",就不可能完成说服的目的。

激将成交法虽然好用,但千万别激错了对象,这样反而会置自己于死地,或使事情向更坏的方向发展。

我们想要说服别人和自己合作,那么就要告诉对方合作之后能获得什么利益。

如果你不知道你想要什么结果,而对方清楚自己说服的最终结果,你将被对方所影响。

你给别人创造一定的特殊权利时,别人就会感觉自己受到了关怀、重视,从而产生一种优于他人的心理。

第五章
移情换位,让说服变得更轻松

当你不懂别人的时候,你的说服可能就会失去"进攻"的方向,无论你和对方说了什么,面对你的永远都是盲点和屏障,"摸着石头过河"只会心里没谱儿,你只有通过"移情换位"走进对方的内心世界,才能够拨开眼前的迷雾,攻破对方的心理壁垒,把握说服的主动权,让自己轻松拿到结果。

第五章
移情换位：让说服变得更轻松

1
知己知彼：才能轻松说服

这个时代里，越是挣钱多的老板，越是知识量和信息量多的老板，为什么这么说呢？因为知识掌握更多技能，而信息中遍布发展商机。在谈生意的过程中，获取信息对于项目谈判的进展的影响力是巨大的。想要以最合理的价格，去谈成一笔生意，那么谁掌握对方的信息越多，谁在谈判中的优势也就越大，与此同时也就可能把主动权掌握在自己的手里。

所以，往往比较厉害的成交高手，都是生意场上非常有经验的"高级情报员"。很多企业和同行去争抢一个大客户的时候，为什么有的企业就能够"弯道超车"，获取客户？很简单：就是因为手中的情报较多，在掌握大客户的信息的同时，也掌握了同行的信息，明确了自己的筹码，和对方的优势、劣势，再有针对性地制定销售策略，最后再各个击破。

在我们"总裁智慧系统"的课堂上，有一个企业家学员叫作姜炳升，他是北京江户前餐饮有限公司的董事长，前不久，他在某城市的一个繁华地段，想租一个房子，但商家报价特别贵，说是七百块钱一平方米。他当时目标定的是六百块钱。谈了两轮都没谈成，后来他想到了在说服力课堂上学到的米尔顿语言和回应术。于是决定换个方向谈这次合作。他问招商总经理："这个房子的租金，谁做主？"招商总经理告诉他："其实除了董事长之外，董事长夫人也能做主。"然后他就问："董事长夫人是做什么的，平时喜欢什么啊？"一问才得知董事长夫人最喜欢日本一家米其林餐厅。每次去日本的时候，她都会去这家餐厅吃饭，特别喜欢这家餐厅的菜品，同时也特别喜欢这个店的料理长。

巧的是，这个料理长是姜炳升在日本认识的一个朋友。所以他让这个料理长请假来到中国，他特意为这个董事长夫人安排了一桌米其林晚宴。董事长夫人非常感动地说："在日本吃的米其林的味道，和在这里吃的一模一样！"她很惊讶，然后这个时候，姜炳升就把日本米其林料理长请了出来，让他跟董事长夫人见面问候。这时董事长夫人惊喜得眼泪都流了出来。她说："我希望你们能交钱进入我们的广场，你有什么条件？"

本来姜炳升想说六百块钱一平方米，最后他直接喊到底价，说："如果我们要做的话四百五十块钱一平方米，可不可以？我们米其林的大厨工资都比较高，用的食材也比较昂贵，我们希望能长久地在这个广场把生意做下来。"由于董事长夫人特别希望他们进来，然后就和她老公打了个电话，最后征求董事长同意特批了这个价格。最后姜炳升算了下，和之前相比，他一个月能省十五万元，那一年下来就能省一百八十万元，他签了五年的合同整整省了九百万元！简直不敢置信！

谈生意的时候，掌握对方信息越多，自己手中的筹码就越多，并且我们要学会的是如果无法直接谈成合作，我们可以另辟蹊径，从侧面找突破点，而不是和对方僵死在一个话题点上，这个时候利用已掌

第五章 移情换位：让说服变得更轻松

握的信息去沟通，更容易达成合作或是交易。公司最顶尖的销售，一定是一个高级情报员，他不仅会收集客户的信息，更懂得分析这些信息所带来的价值，价值越高的信息点，就是他们成交的突破点。

成为"高级情报员"的目的，就是在于想要实现"知己知彼，百战百胜"的效果。当你真正通过各种信息做到"知己知彼"的境界时，你和对方的交谈，便会给他带来一种心有灵犀的感觉，这样的交谈毫无疑问是非常愉悦的。同样的道理，此时此刻，对于你言辞中的说服，对方也会非常乐于接受。由此可见，知己知彼能够帮助我们在最短的时间内实现说服他人的目标。那么，身为一名销售人员如何做到知己知彼呢？

首先，从"知己"的角度来看，销售人员必须了解自己的企业和产品。一般情况下，销售人员应该知道公司和产品的以下情况：（1）公司的品牌、历史、影响力、知名度和美誉度；（2）公司的规模、销售额以及具体销售情况；（3）公司的近期目标和远景规划；（4）产品的基本构成包括产品的名称、型号、功能、价格、材质、颜色以及产品的技术特征和制造工艺等；（5）产品能为客户提供的价值包括产品的突出特点、性价比、品牌价值和服务等。

其次，从"知彼"的角度来看，通常，销售人员应当了解竞争对手以及目标客户的情况。一般情况下，销售人员应该知道竞争对手和目标客户的以下情况：（1）竞争对手的公司及其在行业中的位置；（2）竞争对手产品的特性以及优缺点；（3）竞争对手产品的销售情况和销售特点；（4）客户公司的名称、地址、规模及相关负责人；（5）客户公司所处的行业、所生产的产品和业务情况；（6）客户公司对哪些产品有需求，需求量大概是多少；（7）客户公司是否已拥有与自己产品相似的供应商。

2

对等原则：多用"建议"，少用"命令"

人与人之间的交往，就像是山谷中的回音，你发出什么样的声音，就能听到什么样的回音。你用命令的口吻和不客气的语气与别人交流，别人自然不愿意听你的话。相反，你若是敬重别人，用建议的口吻和商量的语气与之交流，那么对方也会体谅你的处境，站在你的立场上考虑问题，当然也就更容易被你说服。

因此，才会有人这样说："你希望他人用什么样的态度去完成某件事，就用什么样的口气去和他人交流。"如果你想让一个人改正错误，最恰当的方法就是和他提一些建议，因为建议的方法很好地维护了一个人的尊严，给对方一种自重感，促使他与自己合作，而不是对抗。很多时候，"建议"往往比"命令"更好用。

安全检查员乔先生到工地的时候，发现有些工人没有戴安全帽。开始的时候，看到这种情况，他会立即批评他们，并且命令他们立刻将安全帽戴上。但是效果并不理想。虽然工人们当时接受了他的批评，服从他的指令，戴上了安全帽，但是等到他一离开，工人又会将安全帽摘掉。

经过几次这样的事情后，乔先生不得不改变自己的做法。当他看

第五章
移情换位：让说服变得更轻松

见工人没有戴安全帽时，他会微笑着询问对方是不是觉得戴安全帽不舒服，或者安全帽的大小不合适。然后，他会对工人讲述安全帽的重要性，建议他们为了自己的安全而戴上安全帽。结果工人在工作时再也不会忘记戴安全帽了。

为什么乔先生开始的时候批评效果不好，而后来却成功地说服了工人呢？因为他掌握了正确的批评技巧，把命令的口吻变成建议的口吻。采用恰当的说服方式进行批评，将使你的意见更有说服力，更易让人接受。

上面的案例足以证明：用"建议"的方式不仅不会伤害对方的自尊，而且能使他愿意改正错误，并接受我们。这也映衬了那句老话：人要脸，树要皮。尤其是现今社会，人们对尊重感的需求越来越强烈，没有人可以容忍他人不顾自己的面子，用命令的口吻和自己说话，即便那个人是自己的领导、老板。

试想一下，假如有人把你的观点贬得一文不值，颐指气使地命令你干这，命令你干那，你能心平气和地接受他的命令吗？总之，我们一定要切记：想要说服一个人，并不是要让他颜面扫地，臣服在自己的威力之下，而是要让他心悦诚服地接受你的观点和想法。所以，即便你是一个拥有权力的人，也不要采取令人反感的方式，去达成自己想要的结果，否则会引起其他方面的问题。

有一位小厂长。对员工从不用命令的语气。他说话态度温和，总是这样："你好好想想，这样做真的合适吗？有什么是可以不要的吗？"比如，他的助手起草了一份文件，文件中有需要改动的地方，他就会用一种征询的口气说："你觉得如果把这句改成这样，是否会更好一些？"

一次，一位订货商下了一张大订单，要求一个月内完成生产任务,当时,工厂的各项工作已经安排妥当,没有时间着手这项新的订单,想要在一个月内完成生产任务似乎是不可能的事情。不过,这可是一笔大生意,机会实在是太难得了。

厂长没有直接下达命令要求工人们加班加点地完成这张订单,而是把全体员工召集到一起,向他们讲述了具体的情况,并坦诚地对他们说:"如果咱们厂能在一个月内赶出这张订单,就能和这个大客户持续合作,对咱们厂的意义非常大。我担心的是没有办法按时完成这张订单。不知道大家是否能帮我出个主意,想个办法调整一下我们的工作时间和任务量?我的想法很简单,既希望拿下这个大订单,以便和这个大客户建立长期合作关系,又不希望大家为了工作每天吃不好、睡不好,为公司牺牲大家个人休息的时间。"

听了厂长的话,工人们提出很多宝贵意见,并且干劲十足地对厂长说:"您放心!尽管拿下这个大订单,就算加班加点,我们也要完成生产工作。"就这样,厂长顺利地签订了这张订单,并如期交货。

人是感性动物,而不是机器,人会有情绪、有感受、有自尊心,这是最不可忽视的,也正是因为如此,才会有相互沟通之说。身为企业老板、领导,当你说出自己的想法之后,员工不一定就会认同你,因为他们也有属于自己的想法。这个时候,你不妨像那位厂长一样,试着用征询的口吻问他:"你有什么想法呢?"引导他把自己的想法说出来,这便于你们接下来更好地沟通。

可能从表面上来看,企业老板是管人管事,但实际意义上的管理是指挥人、是带人心。只有赢得了人心,你才能登高一呼、应者云集;只有赢得了员工的心,才会有员工追随你左右;只有赢得了人心,你才能赢得天下。而想要获得他们的心,就要以尊重他们为前提,采取适当方式去交流、沟通,是不可忽视的一环。

移情换位：让说服变得更轻松

3

以退为进：才能反败为胜

从某种意义上来说，说服他人的过程就像一场博弈之战，是一场在思想上没有硝烟的战争，虽然唇枪舌剑，但是却不见血光。因为，说服从来不以武力取胜，强制性的压制对说服而言是无效的，所谓的"口服心不服"就很正确地证明了这个观点。真正的说服，是以人们头脑中的智慧和谋略取胜的。当我们走进总裁智慧系统课程中，掌握更多人性知识，了解更多人类心理的时候，就懂得运用各类战术去成功说服他人。

根据对人类的研究结果显示：人在受到外界的侵害时，最本能的反应就是殊死抵抗。那么放在说服中，我们可以这样理解：我提的观点，你不同意；你的建议，凭什么要我接受？说服中的"强攻"一般都是无效的，会让对方产生反感、抵触的情绪，这根本就不利于后续的交谈，那么这个时候，我们可以选择以退为进的方式，先让对方的自尊心得到满足，这样对方的情绪得以缓和，也就比较容易做出让步了。

近几年来，王越为了自家小孩上小学的问题，一直在到处寻找合适的二手房源。尤其是近三个月来，他看房子看得特别频繁，几乎每个周末都是在中介的陪伴下看房度过的。后来，有个中介新进一套房源，正好适合她的需求，那套房子整洁干净、可以拎包入住，而且正好和学校只隔了一条街，非常方便，所以当时和房主谈妥了，直接给房主8万元的定金。可没想到的是，房价忽然飞涨，房主觉得自己有些吃亏，于是在办贷款手续时坐地涨价。

房主想要王越再多支付10万元的房款。对此，手里拿着白纸黑字合同的王越当然不愿意。然而，房主就是用各种理由拖延，不配合过户。无奈之下，王越只好咨询律师，得知如果打官司，则至少也得半年的时间。对孩子急需入学的王越而言，实在是等不起。后来，王越决定亲自找房主谈谈，一见面他就先发制人，笑着说："张大哥，您也知道我买房是为了孩子上学，既不是投资，也不是出租，而是纯粹的上学需要。我也知道最近房价涨了一些，不过您看，咱们当初可是白纸黑字写好的。"

房主有些尴尬，为难地说："不是我想出尔反尔，实在是我要买的房子也涨价了几十万元。所以，请你一定体谅我。你可以问问中介，我这套房子在你办贷款这两三个月里，涨了至少15万元。我也是觉得你都付我定金了，所以只让你加8万元。"王越诚恳地说："张大哥，我现在要是有钱，我肯定给您加。只是我是农村的，这点儿首付也是辛苦积攒的，家里都很穷，连借钱都没地方借呢。我也知道我们的贷款耽误您用钱了，您看我们给您加3万元，弥补您的损失，好不好？"

房主无奈地说："如果你实在不能承受，那么我愿意赔付你3万元的违约金，你再看看别的房子吧。我也重新找个买家，也许还能再多卖十几二十万元的，咱们都合适。"王越认真想了想，说："这样吧，张大哥，咱们既然坐在一起了，也算是缘分，你看看，我给您加

第五章
移情换位：让说服变得更轻松

5万元，正好贷款也下来了，您可以马上拿着钱买别的房子。您能不能通融下呢？"房主思忖再三，答应了他的请求。

在这个事例中，虽然王越手里握着白纸黑字的合同，按理说完全是有胜算的，但是却只能得到3万元的违约金，对于他买房的帮助微乎其微。所以，王越从与房主谈判的开始，就始终保持谦逊、低调的态度，并没有过分地指责房主，而是主动地提出要给房主加3万元，后来又提出同意加5万元，再加上王越言辞恳切，房主觉得有些愧疚，因而最终答应了他的请求，愿意以再加5万元的价格与他履行手续。

或许有些人不赞同王越的处理方式，觉得既然占据道理就应该据理力争。实际上，这个世界上没有绝对的对错，从房主那方面来说，房子卖给王越之后只拿到了8万元定金，他的买房计划只得延迟，因而也遭受了一些损失。因为王越能够站在房主的角度思考问题，主动退让，所以最终与房主达成了一致，如愿以偿地买到了房子。这样"以退为进"的方式让他们皆大欢喜，想必后续的手续也会进展得很顺利。

4

心灵感化：真情感比"假面具"更得人心

要想成交客户，除了产品本身质量要好，价格要足够合理，还要有一份真正发自心底的诚意，唯有抱有诚意，才能拥有生意。在和客户谈生意的时候，无论我们把产品塑造得多么优秀，但是只要让客户看出来我们缺少诚意，那么生意基本上就很难谈成！有很多人把诚意等同于降低产品价格，其实并不仅仅如此，它还代表着一种诚心服务的态度，一种专业服务的精神。

在总裁智慧系统课堂上，我曾提到这样一句话："**每个人都是受大脑潜意识三套软件支配的，因此最基本的一条就是，人不会去做自己不相信的事！**"由此，我们可以想到：其实客户最终选择和我们合作，最根本的原因还是感受到了我们所奉上的所有诚意，无论是产品本身，还是我们自身的服务态度。企业家只有永远保持一颗真诚的心，才能够让客户感觉到自己是值得信任的。

当年李嘉诚全力拓展欧美市场的时候，出现了一个重大的机会。一位欧洲的大批发商在看到了李嘉诚公司的产品样品后，前去与李嘉诚联系。这位批发商是因为李嘉诚公司的产品价格低于欧洲产品的价格而来找他的。但他通过一些渠道得知长江公司是资金私有制。

第五章
移情换位：让说服变得更轻松

为保险起见，他表示愿意同李嘉诚合作，但条件是他必须有实力雄厚的公司或个人进行担保。李嘉诚知道这位批发商的销售网遍及欧洲，而要占领主要的市场——西欧和北欧，如果能与他取得联系，是十分有利的。可惜，他竭尽全力都没有找到担保人。

但是李嘉诚没有放弃，他与设计师一道连夜赶出9款样品。批发商只准备订一种，李嘉诚则每种设计了3款。第二天他来到批发商的商店，批发商望着他因通宵未眠而通红的眼睛，欣赏地笑了，答应了谈生意，在李嘉诚没有担保的情况下，签了第一份购销合同。

按协议，批发商提前交付货款，从而解决了长江公司扩大再生产资金不足的问题。长江公司很快占领了大量的欧美市场。仅1958年一年，长江公司的营业额就达1000多万港元，纯利100多万港元。塑料花使长江实业迅速崛起，李嘉诚也成为世界"塑料花大王"。

无论是一个公司，还是一个品牌，如果想要获得长远的发展，真心诚意的服务态度就是它的奠基石。任何口碑都是靠口口相传出来的，所以企业家一定要在服务客户的每个环节都显露出自己的诚意。讲诚意的企业，其实就是讲信誉的企业，没有哪个客户不愿意和一家有信誉的企业合作，保持一颗真心诚意的服务之心，才能使自己的企业更好地发展。

由此可见，坦诚的语言和态度是说服别人所必须具备的条件。想要成功说服别人，坦诚待人一定比"玩弄心机"更加实在。我们在说服别人的时候，要秉持着一颗"至诚的心"，不要做巧言令色、油嘴滑舌之辈，与此同时还要根据时间、场所和对象的不同，采用不同的方式，把自己最好的一面通过"说话"的方式表达出来。

费城的耐佛先生，多年来一直想把燃料卖给一家大连锁店，但是这家连锁店一直向外地购买，运货的路线正是从耐佛先生办公室的门口经过。耐佛先生晚上就在卡耐基（西方现代人际关系教育的奠基人）的课堂上演讲，并且大骂这家连锁店。

卡耐基建议他改变战略。首先，他们准备在课堂上举行一次辩论会，主题就是连锁店的广布对国家害多益少。于是卡耐基建议耐佛先生加入反方，他同意了。由于要为连锁店辩护，便前去拜访一位他原本瞧不起的连锁店经理，告诉他自己不是来推销燃料的，是来找你们帮个忙。他把来意说清后，并特别强调："我来找你，是因为我想不出还有其他人更能提供给我事实。我很希望能赢得这场辩论，无论你提供什么给我，我都十分感激。"

耐佛先生接着说："我原先要求这位经理只拨出一点儿时间，所以他才同意见我。当我把事情说出之后，他指着一张椅子要我坐下，并且整整用了一个多钟头的时间。他请来另一位主管，这位先生写过一本有关连锁店的专论，他觉得连锁店提供了最真实的服务，他也以自己能够为许多社区服务为荣。当他侃侃而谈的时候，两眼发亮，我也不得不承认他的确让我明白了许多意想不到的事，他改变了我整个人生。"

"在我离去的时候，他陪我走到门口，用手揽住我的肩膀，祝我辩论得胜，并且要我再去看他，让他知道辩论的结果。最后，他向我说：'春天来的时候请再来看我，我很愿意向你买些燃料。'这真是奇迹，他居然主动提起买燃料的事。由于我对他们连锁店的关心，使他也转而关心我的产品，因而能在这两个钟头里，达成十年来原本不可能达成的事。"

故事中的耐佛先生发现的并不是什么崭新的真理。早在基督降生

移情换位：让说服变得更轻松

前一百年，有个罗马诗人帕利里亚斯·赛洛斯就说过：**"说话真诚，语气亲切随和，不卑不亢，入情入理，这是成功地打动对方的原因所在。"** 一个人是否真的具备坦诚之意，对方是完全能够通过沟通交流感受得到的，不要小瞧这"第六感觉"的力量。

语言是很神奇的东西，用什么样的词汇和语气，都能体现出一个人的状态和性格，即使是说话比较笨拙的人，只要言辞间具有发自内心的关怀对方的心情，其真情就能充分流露出来。相反，如果没有发自内心的关怀的心情，那么即便使用再多华丽的语言，也会被对方看穿。因此，满怀真诚是最重要的。

5

引领思维：引导对方思维，请君入瓮

每个人都具有思维，这并不假，但并不是每个人都有引领思维的能力，为什么你在谈话中，常常会发现自己被别人带偏了，也就是说跑题了，这证明：别人正在引领你的思想。十八条前提假设中，曾提到：**一个人不能控制另一个人！但是我们绝对可以通过自己的思想、语言以及行为，来影响别人！人做任何决定的时候，都不是被别人说服的，而是被自己说服的！**

我们都知道：犹太人是世界上富人最多的民族，但有没有想过，为什么他们中的多数人都能够成为富人呢？其实归根结底就是因为他们具备富人的心态及思维方式——因为生存环境的恶劣，逼迫他们必须勇往直前，因此，他们从一开始就把自己定义为富人，这个目标是必须要达成的，并且他们深知如何去做才能让自己真正实现它。他们最聪明的一点不光是学会参悟人性，更懂得利用这些，去引导别人的思想。

北京一所知名的大学邀请一位教授来做专题演讲。听众数量众多，人头攒动，一上来，教授还没发言，就有学生提问："请教授用最通俗易懂的语言告诉我们，什么是犹太人的经销方法？""回答你

第五章
移情换位：让说服变得更轻松

的问题之前，我可以先问你三个小问题吗？"教授说。学生说："请问！""有一天，两个人从工业烟囱里同时掉了下来，其中一个人的衣服很脏，另一个人的衣服却很干净。请问你觉得他们中谁应该去洗衣服？"教授问。"衣服脏的那个，这还用问吗？"提问的学生回答。

"错，因为衣服干净的人看见另一个人衣服很脏，以为自己很脏，所以自己跑去洗衣服了。"教授淡淡地回答。教授又问道："又一次，这两个人又从烟囱里掉下来，仍然是一个人的衣服干净，另一个人的衣服脏。你认为这次谁应该去洗衣服？""衣服干净的那个人去洗。"学生们又抢着回答。"又错了。衣服脏的人觉得上次明明是对方比我干净，人家也去洗了。说明我更脏些，于是这次衣服脏的人去洗了。"教授解释道。

"第三次，这两个人再次掉进了烟囱，大家认为谁去洗衣服呢？"教授又问。"脏的。""干净的。""两个都去洗。""两个都不去洗。"听众们七嘴八舌。"请问大家，有谁看见过两个人同时从烟囱里掉下来时，会是一个人衣服干净，一个人衣服脏？"教授又问。全场鸦雀无声。"既然没有人看见过这种现象，那么你们的回答站得住脚吗？这就是犹太人经销方法的最高境界。"过了片刻，全场突然爆发出雷鸣般的掌声。

将别人的思维快速导入你自己的思维中来，你就会占据主动和有力地位。那些频频成交的销售能手或是企业家，都具备引领别人思想的能力！在沟通和交流中，先掌握对方的思想和行为动态，你就可以通过自己的方式，轻易调动对方的情绪，从而撼动对方的信念和价值观，令对方做出有利于自己的判断，这将使我们做事更加游刃有余。

无论是推销、谈判、请求、命令，我们的神情语态以及肢体语言都会间接影响到对方的情绪状态，而情绪会直接影响到他（她）的信念，信念要是朝着你的方向动摇，你就可能达到改变对方思维过程的目的，就像把一个遥控器放入对方的心里一样。想成为一个成功的人，就必须具备引导别人思想的能力，别人思想跟着你走，推销、谈判、辩论、恳求、命令，才能统统实现。

美芳初中毕业就辍学在一家饭店当服务员，工作中她拾到一部顾客遗失在店内的手机，早就渴望有一部手机的她想悄悄据为己有。领班的张大姐发现了，想借着聊天的机会，让美芳明白这样做是不对的。

于是，张大姐走到美芳跟前，说："美芳，你知道什么叫'不劳而获'吗？"美芳没有理会张大姐。张大姐继续说："你看，'不劳而获'是不经过劳动而占有劳动果实。说得确切点是占有别人的劳动果实！""我可不懂那么多。"美芳有点不耐烦了。张大姐耐心地问："你说，抢别人的东西是不是'不劳而获'？""是的。""你说，偷别人的东西是不是'不劳而获'？""当然是的。""那么，拾到别人的东西据为己有是不是'不劳而获'呢？""这，这……当然……"美芳不说话了。

张大姐顺势教育道："拾到别人的东西据为己有和偷、抢得来的东西，在'不劳而获'这一点上是相通的，除了遵守法律，我们还应有一定的社会公德，再说店里也有工作守则，拾到顾客遗失的物品要交还，你小小年纪，可不能犯糊涂啊！咱自己想要手机，就要靠自己的能力挣钱买，那样用得才理直气壮哩！"最后，美芳主动把手机上交了。

说服的过程是说服者对被说服者攻心的过程，也是被说服者心理

移情换位：让说服变得更轻松

渐变的过程。运用"层渐递进"的说服技巧，从理论上讲，符合心理学的基本规律，从实践中看，只要运用得恰当巧妙，就能取得理想的说服效果。

利用引导的方式，让员工自己承认错误，比直接批评他（她）更能让他（她）接受，所以老板在管理员工的过程中，一定要学会攻心说服的技巧。生活中，我们也经常会遇到需要劝说别人的事情，这个时候，不仅需要有好的口才，还需要有好的态度，耐心启发，引导对方思考，让其真正想通、弄懂。

6
攻破关键：才能成功说服

在沟通的过程中，我们要注意的是：说话重点不在于自己说了什么或说了多少，而在于是否能够抓住讲话的重点，从最关键的地方打开缺口，说服对方。寻找关键点的过程中要多加留意和观察对方，从他的言行中发现他的喜好或需求，对他比较感兴趣或需求、欲望较强的部分进行持续"攻击"，通常能够得到令人满意的结果。

在说服别人时，如果你一味地讲一些大道理，对方就会觉得你这个人啰唆，就会对你心生厌烦，又怎么会听从你的建议呢？我们要学会抓住讲话的要点和精髓，这样才能有的放矢地说服对方，让对方接受我们的观点，否则只能起到事倍功半的效果。倘若找错了关键点，往往就会错失良机。

一对年轻的夫妇到市郊看一所房子，当业务员把他们领到房间后，年轻夫妇看到房间里的地板已经很破旧并变得凹凸不平，但当他们走到屋顶露台上看到有一个漂亮的游泳池时，这对夫妇立刻变得很高兴。

年轻的妇人对业务员说："你这房子太破旧了，你看地板都坏

第五章
移情换位：让说服变得更轻松

了。"业务员看到了他们对游泳池的喜爱，就对他们说："这些我们都可以给你们换成新的。最重要的是屋顶的游泳池，一定会使你们的生活更加舒适。"说着业务员把话题引到屋顶的游泳池，他们一听到游泳池立即变得高兴起来。

当走到厨房时，他们看到厨房里的设备已经很旧了。还没等他们抱怨，业务员就对他们说："这也没有关系，我们会全部换成新的。最重要的是屋顶的游泳池，它会让你们喜欢这里。当业务员提到游泳池时，他们的眼里又闪出愉悦的光芒。游泳池就是他们买下这所房子的关键点。

在这个小故事中，业务员通过观察客户的表情变化，敏锐地发觉到客户对游泳池的喜爱。他迅速抓住这一点，因势利导，对客户进行种种暗示，唤起了客户内心对于产品和服务的需要，恰到好处地对其进行说服，结果取得了成功。所以说：抓住关键点，明确说话目的，是交流取得成功的首要条件。

我们必须明白自己要说什么，明确沟通的目的。然后据此去准备相应的话题和资料，并决定采取何种语体风格，运用哪些技巧。林肯曾说："在一场官司的辩论过程中，如果第七点议题是关键所在，我宁愿让对方在前六点占上风，而我在最后的第七点获胜。这一点正是我经常打赢官司的主要原因。"下面我们就一起来看林肯是怎样用他所说的办法打赢了一场著名官司。

当时美国的罗克岛铁船公司打算建一座大桥，把罗克岛和达文波特两个城市连接起来。但是轮船公司竭力对修桥提案进行阻挠，因为一旦铁路修建成功，就断了他们的财路。于是，美国运输史上最著名的一个案件开庭了。

时任轮船公司辩护律师的韦德，是当时美国法律界很有名的"铁嘴"。法庭辩论的最后一天，韦德站在那儿滔滔不绝，足足讲了两个小时。等到罗克岛铁路公司发言时，听众已经显得非常不耐烦了。这正是韦德的计谋，他想以此击败对手。然而，出乎韦德意料的是那位律师只说了一分钟。

罗克岛铁路公司的辩护律师林肯站起身来，平静地说："首先，我对控方律师的滔滔雄辩表示钦佩。然而，陆地运输远比水上运输重要，这是任何人都改变不了的事实。陪审团各位，你们要裁决的唯一问题是，对于未来发展而言，陆地运输和水上运输哪一个更重要？哪一个不可阻挡？"片刻之后，陪审团作出裁决，建桥方获胜。不可思议的一分钟，让林肯声名远扬。

对方律师整整花了两个小时来为委托人申辩，而林肯本来可以针对他所提出的论点一一驳斥，但他并没有那样做，而是将论点集中到一个关键点上。只用了一分钟的时间，就驳回了对方的论点。所以，在沟通中，话不在多，而在于是否说到了点子上，是否传达出了最主要的意思。

在与人沟通的时候，试着简要地说出自己的目的，你会发现，这样的沟通最有效。无论什么场合，无论与什么样的人交谈，你要清楚他的思路，知道他在想什么，随后瞄准目标，切中要害，提高自己的说话效率。话不在多，主要是说到关键点上，说得再多，词不达意同样达不到说服别人的目的。永远记住：**一句关键的提醒，胜过喋喋不休；一句切中要害的话，胜过长篇大论。**

移情换位：让说服变得更轻松

7

投其所好：从对方兴趣点入手

生活中，为什么常常会出现两个人或者几个人争执不休的场面？其实，就是因为大家的观点不同，又没有办法将对方拉到自己的思想阵营，于是只能拿出各种道理，不断攻击对方的信念！当然，最后的结果都不是很好！其实，这就是沟通的问题！总裁智慧系统课程中的十八条前提假设，有这样的一条：**有效果比有道理更重要！想要让对方真正成为自己的拥护者，就要掌握说服的技巧！**

在说服别人的时候，一定要有意避开他的忌讳点，绕道而行，去选择对方感兴趣的话题谈起，并且不要过早地暴露自己的意图，按照预定迂回路线，步步靠近，才能换得对方卸下心防，愿意走近你。当你让对方随着你的话语聊下去的时候，你就占有主动权了。最后当对方已经跟着你走完一段路程的时候，实际上已经不自觉地向你的观点投降了。

伽利略青年时就立下雄心壮志，要在科学上有所成就，但他的父亲并不赞同他的志向，他希望得到父亲的支持和帮助。一天，他对父亲说："父亲，我想问你一件事，是什么促成了你同母亲的婚事？""我看上她了。"伽利略又问："那你有没有娶过别的女人？""没有，孩子，老天在上，家里的人要我娶一位富有的太太，可我只对阿玛纳蒂姑娘钟情。"

伽利略说："这倒确实，现在也还看得出来，你不曾娶过别的女人，因为你爱的是她。你知道，我现在也面临着同样的处境。除了科学以外，我不可能选择别的职业，因为我喜爱的正是科学。科学是我唯一的需要，我对它的爱有如对一位美貌女子的倾慕。"父亲说："像倾慕女子那样，怎么能这样说呢？"伽利略："一点不错，亲爱的父亲，我已经18岁了。我不曾与人相爱，今后也不会，我只愿与科学为伴。"父亲没有说话，仔细听着。伽利略继续说："我亲爱的父亲，你有才干，但没有力量，而我却能兼而有之！为什么不能设法达到自己的愿望呢？我会成为一个杰出的学者，获得教授身份。我能够以此为生，而且比别人生活得更好。"

父亲说："可我没有钱供你上学。""父亲，你听我说！很多穷学生都领取奖学金，这钱是公爵宫廷给的。我为什么不能去领一份奖学金呢？你在佛罗伦萨有那么多朋友，他们对你不错，会尽力帮助你的。也许你能到宫廷去把事办妥。他们只需要去问一问公爵的老师奥斯蒂罗·利希就行了。他了解我，知道我的能力。"

父亲被说动了："嗯，你说得有理，那是个好主意。"伽利略抓住父亲的手，猛力摇动："我求求你，父亲，求你想方设法，尽力而为。我向你表示感激之情的唯一方式，就是……就是保证成为一个伟大的科学家。"伽利略最终说动了父亲，他实现了自己的理想，成为了一位闻名世界的科学家。

在任何时候，人最关心的是当你在与人相处时，如果能够迎合别

第五章
移情换位：让说服变得更轻松

人的兴趣，为对方做打算，那么，你就很容易与人沟通了。你替别人着想，别人也会自然地照顾你的需求。迎合别人的兴趣，重要的一点是要想：对方最需要、最关心的是什么！如果你能学到这一点，它会轻易地变成你成功的开始。

某一天，王丽在下班回家之后，发现自己的小儿子强强正在又哭又闹，原来孩子的奶奶让他明天上幼儿园，但是贪玩的他并不愿意去。王丽工作了一天，身体特别疲惫，外加心情还不好，看着这样的孩子更是生气，瞬时便发了火，将儿子赶回了他的房间，并且要求他明天必须听奶奶的话，去上幼儿园，可能是强强从来没见过妈妈这个样子，顿时吓得不敢哭了，并老老实实地回到了自己的卧室。

过了一会儿，王丽缓过劲儿，才发觉自己对孩子过于武断、粗鲁了，她不明白孩子为什么不愿上幼儿园，还大哭大闹的！这个时候，她想到了一个问题：如果我是强强的话，我为什么不愿去幼儿园？想到这，她忽然灵机一动，想起强强十分喜欢哼歌，于是便叫来丈夫和婆婆，和他们一起弹琴唱歌。结果没过一会儿，王丽就看见强强悄悄地从卧室探出头来。

然后，强强就来到了客厅，怯生生地问道："妈妈，我可以参加吗？我也想要唱歌……"这个时候，王丽就很认真地说："如果强强不上幼儿园，就学不会唱歌，学不会唱歌就不能参加我们的活动。"就这样，强强高兴地答应了去幼儿园。第二天早晨，强强早早地就穿戴整齐坐在客厅里了。王丽笑着摸了摸他的脑袋，问他为什么这么早起床，强强告诉她说："强强不愿意迟到。"

我曾在"总裁智慧系统"说服力课堂，和学员说这样一句话：

"如果你想要人们相信你是对的,并按照你的意见行事,那就首先需要人们喜欢你,否则你的尝试就会失败。"这句话的意思是:要使别人对你的态度,从排斥、拒绝、漠然处之到对你产生兴趣并予以关注,这整个过程其实需要一个最大限度地引导以激发对方的积极情感。

而"投其所好"就是针对这个沟通过程所能施展的最优方法,它能在一定程度上起到引导和激发的作用。总之,要使别人与我们在任何事情上合作,最重要就是必须使他们自己心甘情愿,而我们要达到让他们心甘情愿的目的,就要去迎合他们的兴趣。唯有如此,我们才能打动他们的内心,使进行中的事情达到我们最终的期望。

移情换位：让说服变得更轻松

8

感知位置法：和对方站到同一阵营

其实我们每个人都是在用自己有限的经验衡量别人的人生。我们所了解的别人，也都只是别人的一个片段。即使是父母，都在感叹长江后浪推前浪，自己过的桥还真不一定赶得上今日孩子走的路。那么身为企业老板的你，身为孩子父母的你，身为行业专家的你，真的确认，你认为"对"的，对于别人来说，一定是"对"的吗？

你的句句"肺腑"之言、苦口婆心，你的那一句"我这都是为了你好"，是真正为了别人好，还是为了自己的期待？你有思考过这样的问题吗？很多时候，是我们用自己有限的思想绑架了别人。这样的方式是不恰当的，因为以"我"为中心的出发点，真的不一定是别人想要的。这个时候，感知位置法就显得十分重要了。

卡耐基曾经在一家大饭店用了一个大礼堂进行人际沟通的课程培训，不料中途突然接到通知，说饭店要收回大礼堂，用以举办舞会或晚会；如果卡耐基要继续租用的话，租金就要涨三倍。卡耐基立刻去见饭店的经理，并用三言两语说服了他。那么卡耐基究竟是怎样说的呢？

卡耐基说："听说你们要涨租金，说实话，假如我是饭店经理,我也会这么做的。因为盈利是饭店的根本,而您的职责就是让饭店得到更大的利润。"饭店经理有些不好意思,他解释说:"我们想把礼堂收回,举办一些舞会晚会之类的。"

"我很理解。"卡耐基回答,"因为举行大的晚会和舞会可以给饭店带来更直接、更可观的利润。但是……"卡耐基话锋一转,非常诚恳地说:"请让我为您算一笔账:舞会和晚会带来的利润虽然客观,但并不持久;而在我的培训班上课的大多都是公司或企业的中层管理人员,这些成千上万的中产阶级走进我的课堂,就很有可能成为你们饭店的潜在客户。这样来说,即便您用三倍的价格做广告也买不到这么多的顾客。您仔细算一算,究竟哪个对饭店更为有利呢?"卡耐基说完,饭店经理就立刻表示取消租金涨价的决定,继续将大礼堂租给卡耐基办培训班。

正是因为站在对方的角度考虑问题,才得到了对方良好的回应,卡耐基才顺利地把这个问题解决了。其实"感知位置法"就是我们常常会说到的"换位思考",只要我们不要自私地期盼对方能为我怎么样,而是真切感受对方的感受、体验别人的立场、站在别人的角度上看问题。这种站在别人立场上说话的能力,在沟通中是非常重要的。

尤其是在销售的过程中,我们作为卖方,如果不能够清楚了解客户想要的东西是什么,那么所推荐的产品也就不一定符合客户的要求,而不符合客户要求的产品,客户又怎么会动心为它买单呢?所以,学会充分地为客户考虑吧,将他/她假设为自己,这个时候你就知道接下来该如何去说,如何去做了!

第五章
移情换位：让说服变得更轻松

小刘是某商场服装柜台的服务员，她每个月的销售额总要高出其他服务员许多。在表彰大会上，商场经理请她介绍销售经验，她说："我的方法其实只有一个，那就是：为顾客考虑。"有一次，一个顾客看中了一件衣服，小刘打量了一番，说："这衣服不适合您。"然后拿起边上挂的一套黑色套装，说："这黑色的套装更适合你。"顾客有些生气地说："我看上去就那么老吗？非要穿黑色的？"

小刘诚恳地解释说："您的气质很好，一看就是公务员或者高级白领，这衣服虽然款式新颖，但是却体现不出您的身份，更衬托不出您出众的气质。尤其这料子，虽然摸上去很舒服，但却容易起皱，不好打理。试想您坐办公室站起来衣服每次都皱巴巴的，岂不是会让您丢面子吗？黑色其实并没有您想象得那么沉闷，还记得《罗马假日》中奥黛丽·赫本穿的那条经典小黑裙吗？它完全衬托出了奥黛丽·赫本的年轻、俏皮、优雅和活泼，而这正是您气质的综合写照。所以，再也没有比黑色更适合您的了。而且这套装的料子很好打理，在阳光或灯光下还可以看到隐约的花纹，非常华贵。所谓低调、奢华、上档次就是这样的感觉。"

顾客露出了笑容，她掏出钱包，说："我要了，请帮我包起来。"小刘的每一句话都是从顾客的角度出发，设身处地地为顾客考虑，自然就很轻易说服了对方。这说明，在交流沟通的过程中，顾及对方的心理和利益是相当重要的，假如你只重视自己的感受而忽略对方的立场，那么任凭你说得天花乱坠，都不可能说服他们的心。

只有真正为顾客着想，他们才会把你当成自己人，而有谁会拒自己人于千里之外呢？这样一来，就增加了自己成交的筹码！所以在和客户沟通的过程中，就试着换位思考一下吧，这样你便会理解客户为什么会那样想、那样做。和别人互换位置看问题之后，我们就能够做到宽容、体谅对方，而这一份包容与理解、体谅与信任，就会营造出一种和谐的氛围。

不仅如此，通过感知位置法，还能够让我们突破固有的思考习惯，学会变通，解决常规性思维下难以解决的事情；除此之外，也能够让我们真正想对方之所想，急对方之所急，感受到他人真正的状态和情绪，顺利地将眼前的沟通进行到底，通过不断揣摩对方的心理活动，我们就能轻松达到说服的目的。

移情换位：让说服变得更轻松

9

批评有道：采用"巧妙暗示"更胜一筹

批评之所以常常被人拒绝，原因大概有两种：第一，批评者根本不了解当事人的处境和造成错误的原因，一顿劈头盖脸的批评下来，让当事人感到十分委屈；第二，批评者站在权威或高人一等的立场，使当事人感到自尊心受挫而对批评者产生强烈的反感。可不管是哪种原因，实际上都是批评者不讲究说话的技巧造成的。

"总裁智慧系统"智慧从人性角度出发，研究之后表明：影响批评接受程度的最主要障碍，是人们担心批评会伤害自己的尊严，损害自己的利益。为此，我们如果能够在批评之前，先打消他人怕丢面子的顾虑，那么这个人会更容易接受批评。而打消顾虑的比较好的方法，就是避开直言不讳，学会巧妙暗示。

1887年3月8日，美国最伟大动人的牧师及演说家亨利·华德·毕奇尔逝世。毕奇尔的影响力是巨大的，如同日本人所说，他改变了整个世界。就在这个周末，莱曼·阿伯特应邀向那些因毕奇尔的去世而哀伤不已的牧师们演说。他急于作出最佳表现，因此把他的讲道词写了又改，改了又写，并像大作家福楼拜那样谨慎地加以润饰，然后读给他妻子听。他的妻子觉得他写得很不好——跟大部分写好的演说词没什么区别。

然而，她并没有这样直接告诉丈夫，因为她知道这样做的不良后果。所以，她只说，这篇讲稿若刊登在《北美评论》杂志上，将是一篇极佳的文章。换句话说，她称赞了这篇讲稿，但同时很巧妙地暗示出，如果用这篇讲稿来演说，将不会有好效果。莱曼·阿伯特知道她的意思，于是他把细心准备的原稿撕破，后来讲道时甚至不用笔记。

用巧妙暗示的方法去说话，对我们来说其实并不费力，但是获得的成效却很大。你看：使大地万物茁壮成长的是那些温柔的风、绵绵的雨，暴风雨只会摧残一切而已。直言不讳的语言有时候比暴风雨还可怕，可能你没有带什么令人反感的语气，但是你这话语本身就已经让人感觉不舒服了，这样的沟通就是糟糕的。

无论在什么样的情境之下，我们发现了别人的错误和过失，都要学会用温和的方式去暗示对方，这就如同绵绵细雨滋润着万物，你的这种做法会被他人视作好意，要想成为一位智慧的说服者，就一定要学会避开自己的直肠子性格，要记住：巧妙暗示，总归有它实际上的好处，否则怎么那么多人愿意接受它呢。

在深圳一家五星级宾馆里，一位客人吃完最后一道茶点后，顺手就将一个精美的景泰蓝食筷悄悄插入自己的西装内衣口袋中。这一举动正好让一位服务小姐看到了，小姐不动声色地迎上前去，双手擎着一只装有一双景泰蓝食筷的缎面小匣子，说："我发现先生在用餐时，很喜欢景泰蓝食筷。非常感谢您对这种精细工艺品的赏识。我代表本店将这双图案最为精美并经严格消毒处理的景泰蓝食筷给您准备好，并只按酒店的优惠价格记在您的账簿上，您看如何？"

那位客人立刻就明白了小姐话中的弦外之音，在表示了谢意之

第五章
移情换位：让说服变得更轻松

后，说自己多喝了几杯白兰地，头有些发晕，才误将食筷插入内衣袋内，并且聪明地借此下台阶说："既然这种食筷不经消毒是不能使用的，我就'以旧换新'吧！"说着取出内衣里的食筷恭敬地放回餐桌，接过服务小姐给他的小匣子，不失风度地向付账处走去。

这件事情告诉我们：在别人犯错的时候，要巧妙地用"弦外之音"来暗示，对别人的错误，点到为止就可以了。人难免会因一时的糊涂而犯错误，这就需要批评者在批评时把握分寸，既要指出对方的错误，又要给对方留面子。那么，在纠正他人的错误时应该采取什么样的易于为对方所接受的说话方式呢？

以下方法可供参考：首先，对人要具有极大的同情心，这样我们就不仅不会对人吹毛求疵，反而会对其产生错误的原因加以谅解。而且，我们要时刻想着自己与对方是站在一边的，而不是和他敌对的。其次，说话要温和委婉，不可用刺激的或使人听了不舒服的字眼。最后，纠正他人的错误的言语越少越好，最好能一两句就使对方明白，然后转至其他话题，不可啰唆不绝，使对方陷于窘境，甚至产生反感。

导师语录

　　一句关键的提醒，胜过喋喋不休；一句切中要害的话，胜过长篇大论。

　　当你真正通过各种信息做到"知己知彼"的境界时，你和对方的交谈，便会给他带来一种心有灵犀的感觉。

　　说服从来不以武力取胜，强制性的压制对说服而言是无效的。

　　人做任何决定的时候，都不是被别人说服的，而是被自己说服的！

　　在这世上，没有任何一个人会对批评感到愉悦，所以我们更应该采用恰当的方式，指正出对方的错误，这样才能让对方心悦诚服。

　　学会抓住讲话的要点和精髓，这样才能有的放矢地说服对方，让对方接受我们的观点，否则只能起到事倍功半的效果。

　　很多时候，是我们用自己有限的思想绑架了别人，这样的方式是不恰当的。

　　有效果比有道理更重要！要想让对方真正成为自己的拥护者，就要掌握说服的技巧！

　　如果你想要人们相信你是对的，并按照你的意见行事，那就首先需要人们喜欢你，否则你的尝试就会失败。

　　如果你想让一个人改正错误，最恰当的方法就是和他提一些建议。

第六章

巧妙应对：轻松破解对方语言

说服的过程不可预测，有时会变成高手与高手之间的博弈，如果我们只懂"进攻"，却不懂如何"防御"，那么势必会打一场败仗。当别人先入为主对我们设下语言圈套时，我们必须掌握巧妙的回应之术，通过大脑快速、准确的语言分析，破解对方的语言，找到对方的漏洞，从而进行绝妙的反击。

巧妙应对：轻松破解对方语言

1

直击抗拒点：读懂对方真实意图

有时忙碌的辛苦根本毫无作用，因为一开始你的方向就不对，那么你无论做什么事情，都不可能得到自己想要的结果，对于这一点，此刻的你想到了什么呢？身为老板或是企业高管的你，是否曾经也犯过这样的错误：你带领团队投标的时候，给客户洋洋洒洒写的几千字方案，却比不过竞争对手几百字的方案，这是为什么呢？

其实，这很有可能是你压根儿没有领会到客户的真正意图，所以尽管你想方设法地和客户沟通，却始终无法取得对方的信任。这种徒劳无功的"瞎忙"，不仅会消磨掉我们宝贵的时间，还会让我们产生"努力了却没有任何收获"的焦虑感。事实上，每个人的精力都是有限的。如果不讲究方法，只是一味地埋头苦干，那么到头来肯定只能事倍功半。

刚创业不久的李强参加了一次竞标，但是最终失败了。不甘心的他去请教主办方，他想要问清楚到底是什么原因，让他们没有选择和自己合作。主办方的人员没做多余的解释，只是给他讲了个故事："一位学生觉得自己总是苦学无果，故跑去请教他的教授。教授笑着问他：如果你去山上砍树，看到两棵树，一棵粗，一棵细，你会砍哪一棵？学生想都不想就回答道：当然是粗的了。

教授笑了笑，继续问道：如果说那棵粗的不过是一棵普通的杨树，而那棵细的却是红松，现在你会砍哪一棵？学生又不假思索地说：那当然砍红松了，红松更值钱。教授又发问了：如果红松长得歪歪扭扭的，而杨树却十分笔直挺拔，你会砍哪一棵呢？学生有点疑惑了：那是不是应该砍杨树呢？

教授看出了学生的疑惑，说道：你怎么就没有想到问问我，为什么要砍树呢？如果是取柴，自然就要砍杨树；如果要做工艺品，那就砍红松。在做一件事情之前，只有先把动机和方向搞清楚，才可能得到理想的结果。"讲完这个故事，李强豁然开朗，马上明白了他没被选中的原因。

企业家一定要让自己的团队每一分忙碌都能够产生价值，在对接客户的过程中，要充分了解客户的需求动机，找到他想要的点，这样才能松弛有度、有的放矢地为客户送上最好的服务。成果都是检验努力的重要标准，如果迟迟看不到成果，别急着抱怨，也别泄气，它可能只是在提醒，是该反思和调整努力方式的时候了。

在销售中，口才显得尤其重要，有些时候你的一句话，也许就能帮助你成交一笔生意，但是也有可能毁了一笔生意，所以：怎么和客户说很重要。当你的客户对你说"再看看吧，我要考虑一下"的时候，你的心里什么感受？肯定是不舒服。然而，在这份不舒服的背后，你更应该考虑的问题是：他/她为什么拒绝我呢？

一个大客户经理曾给团队进行培训：如何解除客户的抗拒？在销售中，被拒绝已经是司空见惯的事情了。如果说每一次拒绝，我们都

第六章
巧妙应对：轻松破解对方语言

只能够乖乖接受，那么销售能力将没有任何进展。只有想办法找到客户的抗拒点，才能扭转局势，顺利成交。

当客户说"我想考虑一下"时有50%的可能性，这句言辞的真正意思是：（1）没钱；（2）无法自己作主；（3）目前不需要你的商品；（4）有朋友在此行业；（5）知道可以在别处以更便宜的价格购得；（6）对你没有信心；（7）不信任或者对你们公司的商品没有信心；（8）不喜欢你的商品；（9）不喜欢你。

如果你使用适当的销售话术，客户是可以被说服的。消除反对理由的关键在于：（1）你销售技巧的知识；（2）你的商品知识；（3）你对客户的认识；（4）你与客户所建立起来的关系；（5）你的创意；（6）你真诚地想帮助客户的欲望；（7）你的坚持。

做销售没有不被拒绝的，很多时候客户所说的拒绝，不过就是给自己找个借口罢了，不是真的反对理由。那么你需要做的就是：找出客户真正反对你的理由，并有创意地克服它，才有销售成功的可能。这也就要求销售人员在进行销售之前，一定要事先做好准备，想出一些客户会拒绝自己的理由来，并且加以分析，做出相应销售话术准备，才能解除客户抗拒。

在销售的过程中，客户的拒绝可能直截了当，很多销售人员被拒绝后就灰溜溜地走了，其实有时候，也许你再多说一句话，就可以解除客户的抗拒。因为当客户反对你的时候，才是你销售真正开始的时候。客户通常不会告诉你真正反对的理由是什么，他们一定会先找借口，只有想办法看穿他/她的借口，才能找到真正的反对理由。

2

偷换概念：移花接木巧说服

俗话说的好：打铁还需自身硬。我们想要说服他人，必须要在特定的领域内有足够的知识储备和缜密的逻辑思维。并且在与他人思辨的过程中，也是一个反向学习提高的过程。然而，语言归根结底是为了与人沟通，进行思想的碰撞从而相互理解，如果沉浸在通过强词夺理而说服他人的臆想或自我得意之中，这样反而与语言的初衷背道而驰。

最好的说服，其实就是对方抛开"敌意"的心悦诚服，当一个人站在你对立面的时候，我们千万不能采取"牛不喝水强按头"的做法，采取言语攻击和强制性逼迫等手段，终究会适得其反。反而，我们要学会用更艺术的方式，将要表达的思想绕个弯，通过其他无关事件的引导，慢慢转移到主题中来，让对方在不知不觉中，站到我们的阵营。

一对夫妻结婚已经有十余年了，每个月他们都要给双方父母寄生活费。这件事一直由妻子承办。可是，妻子却每个月给自己的父母寄一百元，给丈夫的父母寄五十元。丈夫一直为此事感到愤怒，却不想

第六章 巧妙应对：轻松破解对方语言

与妻子闹得不愉快。

以前，丈夫每天下班，什么事儿都不干，总是要抱抱小儿子，亲抚半天。可这天回家后，他看到一岁半的儿子在摇篮里哭，却假装什么也没有看见，什么也没有听到。他一反常态走到五岁女儿身旁，把五岁的女儿抱了起来。

正在做饭的妻子扭头看到了，急忙喊道："儿子都哭成那样了，你怎么不赶紧哄他？"丈夫不紧不慢地说："这五十元的，还是你来抱吧！我要抱一百元的。"妻子一听，脸就红了，以后每个月也给丈夫的父母寄一百元了。聪明的丈夫风趣而又不失原则地请妻子进入了自己所预设的"圈套"，没有发牢骚，却巧妙地暗示了事情的实质和自己的不满情绪，从而达到了说话的目的。

以上的案例就是巧妙运用了偷换概念的方式，丈夫才成功说服了自己的妻子，达成了自己的目的。很多人还不清楚什么是"偷换概念"，其实就是将一些貌似一样的概念进行偷换，实际上却改变了概念的修饰语、适用范围、所指对象等具体内涵，而这些东西一旦改变，道理似乎就向着我们所期望的方法去发展了。

不过运用偷换概念的说话艺术，是否能够成功，最关键的一点你所回击的话语是否真的抓住了对方的要害。如果你所说的这句话紧紧抓住了对方的要害，分量很重的话，那么对方几乎没有反击的余地，如此一来，你就可以变得主动，从而更容易达到说服的目的。

20世纪60年代初，周恩来访问印度所举行的记者招待会上，来自北美的一个记者提了这样一个问题："您作为一个62岁的人看来气色异常好，神采奕奕，您是按什么方式生活的？"这个记者话中有话，意思是说：你们中国现在处在困难时期，人民衣食不足，你还这样满脸红光的，是否背着人民搞特殊？

这个时候，现场的人都跟着紧张起来，尤其是周围的那些记者，正等着看一出好戏，可没想到的是，周恩来总理一点都不慌张，反而马上用洪亮的声音回答道："因为我是东方人，自然是按东方人的方式生活的。"他这么一回答，马上得到所有亚洲记者的热烈掌声，引发了所有亚洲记者的共鸣。

还有一次，有个记者问："在你们中国，明明是人走的路为什么却要叫'马路'呢？"周总理不假思索地答道："我们走的是马克思主义道路，简称马路。"这位记者的用意是把中国人比作牛马，和牲口走一样的路。如果你真的从"马路"这种叫法的来源去回答他，即使正确也是没有什么意义的。周总理把"马路"的"马"解释成马克思主义，他"偷换概念"的手法恐怕是这位记者始料不及的。

从以上这两件事情就能够看出：我们敬爱的周总理，其实就是一个"偷换概念"的能手，他说的话总是礼貌而周全，却也是一针见血的，不但回答了对方的问题，还能够让对方无法再质疑，这就是强大"说服力"的体现。

如果我们也想要像周总理那样拥有这样的好口才和说服力，用几句精彩话就能够让别人信服自己的思想，达到理想的说服效果，那么从现在开始，就杜绝平日里和别人沟通时"硬碰硬"的做法，试着学习并掌握这个沟通技巧，一旦你运用自如，就能真正在说服力上更胜一筹。

巧妙应对：轻松破解对方语言

3

阐述影响：将注意力引向信念的后果

对方能否理解你的话是沟通的关键。不管你要说什么，都不要忘记，你说服的最终目的是让对方理解、接受。因此，表达自己的意思时，要以使对方更容易理解为最终目标，要站在对方的角度，说让人容易理解的话。同样一段话，先详述事情原因、再说事情产生的影响与先说事情的影响、再详述原因会产生不一样的选择。

研究发现：先说事情的影响，再和对方去阐述原因，这样说出的话能够更加的条理清断，突出重点。并且最重要的一点是：这样说往往能够引起对方听下去的兴趣。不管我们说什么，最终的目的都是希望对方能够理解，而先说结果，再详述原因，是把复杂的问题按照简单的逻辑说出来，更容易让人理解。因此，在平时与人交流时，我们应该通过这种方式激发对方听下去的兴趣。

近些日子，物价涨得比较厉害，但是丈夫的工资却没有涨，女主人蔡琳越来越觉得有必要节约一些不必要的开支，省下一笔钱以备不时之需。丈夫平时花钱总是大手大脚的、今天请这个吃饭，明天又请那个吃饭，甚至为了买游戏装备花很多钱，一点儿也感受不到过日子的艰辛。

蔡琳很清楚，如果先说一大堆原因，告诉老公物价越来越高了，开销越来越大了，工资却丝毫没有涨，这样继续下去，很可能会入不敷出，再提出节约开支的建议，老公很可能会摸不着头脑，也就不容易说服固执的老公。

为了便于老公理解，蔡琳采用了先说结果、再说原因的说服方法，对老公说："亲爱的，我觉得咱们应该节约开支。我给你分析一下啊，如今的物价上涨得越来越厉害了，咱们家的开销也越来越大，每个月刚发的工资，没过几天就没了，这样下去咱们会入不敷出的。假如以后生活中出现什么急事，咱们是很难应付的。你觉得呢？"

王娟首先说明结果"我觉得咱们应该节约开支"，而不是先详述原因"如今的物价上涨得越来越厉害了，咱们家的开销也越来越大……"如果她反过来，先详述原因，再说结果，恐怕她老公听到最后也未必明白她想说的是节约开支的事，没准会误以为她在埋怨自己工资少、没能力，极有可能引发一场争吵。

所以，我们在说服他人时，应学会先言简意赅地说影响，再根据影响详述原因。这样可以保证你从复杂的事情中厘清头绪，建立一定的逻辑顺序，便于他人理解你的意思。除此之外，还有一种情况就是：无论你说多少原因可能都不具备震慑力，如果结果能为你说服他人提供一个绝佳的理由，那么一开始强调结果，就一定能成功说服。

十一假期，李萌一家决定去泰国旅游，由于没有经验，选择跟团的方式，在机场和导游会聚之后，导游开始讲述去泰国旅游要遵守的一些规则。因为李萌的爸爸很爱抽烟，每天都要抽一包左右，但是泰国酒店室内有要求不能抽烟，只有露天的阳台以及室外才可以抽烟，

巧妙应对：轻松破解对方语言

否则要被罚款。

说到这里的时候，李萌爸爸还试探性地问了一句："没有那么严重吧，室内还要装监控吗？"结果这个时候，导游就十分严肃地说："规定就是规定，不要抱有侥幸心理，泰国酒店都会在天花板安装烟火警报器，一旦感应到烟火，就会启动喷水装置，到时候可就不止是罚钱那么简单了，况且人在国外，就不要给自己惹麻烦了。"

这么一说之后，李萌爸爸才笑呵呵地说："知道了，不在室内抽，也就是麻烦一点，我下楼去外面抽就行了！"原本李萌还担心导游说服不了自己那烟瘾大的爸爸呢，但没想到导游说了室内抽烟的影响以及后果之后，她的爸爸竟然同意了。这次七天的泰国旅行，玩得十分开心、顺利。

一个震撼的结果影响，或许能抵得上你的任何理由，尤其是和对方切身相关的时候，他会通过自己的获利抑或是损失来确定自己接下来的行为。如果有足够诱惑的好处和利益，那么就能激励他/她的行为；反之如果要遭受巨大的危害或是损失，那么这种"惧怕"的心理也能够遏制他/她的行为。

在沟通之前，如果你能确定事情的影响很强大的时候，那就快刀斩乱麻，大胆地和对方展示这件事情的结果和影响吧！如此一来，就不至于一开始将注意力分散到其他方向，反而拖延了你说服对方的时间，当你真的通过话语把对方的注意力聚焦在信念的影响时，你也就成功将他引导你的说服圈中了，那么说服他也就只是顺便的事了。

4
拆解策略：分解信念组成元素

在生活中，你有没有这样的经验：在你向别人提出自己真正要求之前，先向别人提出一个较大的要求，等到别人拒绝之后，再提出自己真正的、比较小的要求来，这时候，别人答应你要求的可能性就会增加。这是为什么呢？有两方面原因：第一，拒绝他人后，而产生的一种愧疚心理，他会想要去补偿；第二，要求难度过大，不在自己可以接受的范围，当你把要求缩小之后，他就可以接受了。

因此，当别人否定了你所提出的信念时，你不必打退堂鼓，这个时候你最该做的就是快速思考自己描述的思想或是情景是不是太"大"了，并不在对方的可接受范围之内，接下来，你就可以适当地把你刚才的那番话进行一番拆解，当你说完之后，对方就可能会理解你的意思，或是接受你所提出的要求。

心理研究者曾经做过这样一个测试：让两组大学生带领少年们去动物园游玩两个小时，这不是一个强制性的任务，只要是不愿意参与的人，都可以拒绝。为了验证语言拆解是否有效，研究人员将参与实验的两组大学生分开，他们将在不同的地方，得到这样的一个消息通知。

巧妙应对：轻松破解对方语言

对于第一组的大学生，研究人员要求他们带领少年们去动物园玩一次，大概需要两个小时的时间，为了提高他们参与活动的积极性，他们甚至还提出了荣誉奖励的好处，但由于是自由选择，最后这些大学生中只有1/6的人答应了这个请求。

而对于第二组大学生，研究人员首先请求他们花两年时间担任一个少年管教所的义务辅导员，这是一件费时费力的工作，几乎所有的大学生都谢绝了。他们接着提出了一个小的要求，让大学生带领少年们去动物园玩两个小时，不就两个小时嘛，太容易了！一大半学生都答应了这个请求。

上面所提到的"拆解策略"也可称作为"向下归类"，这个方法可以用在团队建设、成交客户、商务谈判过程中，它关键在于双方关系的亲密程度以及你的需求和合理程度。如果既无责任，又无义务，双方素昧平生，却想别人答应一些有损对方利益的事情，这时候"先大后小"也是没有用的。

下面，我们再来看一则案例：

两年前，陈默带着朋友一起开车去稻城玩，在回来的路上，因为自己听音乐分了心，没注意对面已经失控了的小货车，于是发生了车祸，身为司机的他除了部分擦伤外没有大碍，可是坐在副驾驶的朋友却因此失去了一条腿，虽然他赔了朋友很多钱，也给朋友买了最好的仪器，做最好的康复治疗，但是朋友失去的一条腿，却再也回不来了！

他的朋友虽然没有指责他，可是朋友的家人却责怪他说："你为什么这么不负责任，开车的时候竟然还能分心，这是一条腿，你有没有想过如果更严重，还可能是一条人命啊！"这句话，这两年来一直折磨着他，他觉得自己的一次分心，竟然毁了朋友的一辈子！本来他朋友可以拥有一个健康、完整的身体的，都是因为他才变成了现在这个样子！

每次他去见朋友都要满怀歉意地道歉，他就这样沉浸在这份愧疚中不能自拔，后来朋友看他这个样子，终于忍不住开口劝他："我其实埋怨过你，恨过你，可是都两年了，我已经适应了我的假肢，也过上了正常的生活，我不想看到你现在这个样子！"陈默忽然眼眶泛红，过了一会儿，慢慢说道："都怪我！我也恨我自己！"他的朋友又接着说："哥们儿，你仔细想想，你现在难以面对的，是我不肯原谅你吗？还是你不能够原谅自己呢？"

当其纠结在对朋友的亏欠中，不如让陈默自己心里明白，并非是朋友的态度让他有了心病，而是他自己对这件事情的态度导致了他目前的状态。朋友通过打破他的信念框架，拆分了他的信念，让他意识到愧疚的心理来源于他自己。经过这么一点拨，你说陈默还能想不明白吗？束缚他的本就不是他的朋友，而是他自己啊！

有些"问题框架"显现得比较宏大，或者是无法阐述明白的时候，我们适当运用"向下分类"的方式，就能够把问题缩小化、细节化。例如：让员工指出具体的困难在什么方面，让员工从思考一个很空、很虚的问题，具体到思考一个一个的细节。所以你就可以这样问："你所说的是指什么方面做不好？了解用户需求？用户操作的流程设计？还是觉得写文档很困难？"这样在说服别人的时候，就会显得更加明了。

巧妙应对：轻松破解对方语言

5

提高档次：将信念扩大等级

现实生活中，有些沟通一开始就注定了没有结果，这是为什么呢？因为很多人的信念其实是很强烈的，可能在他还没有和你沟通之前，就已经设置好了思想屏障，告诉自己该怎么做了，这个时候，你想要打破他这个信念，是要花费很大力气的。如果他死抓着当下的信念不放，对于你而言是没有办法下手"进攻"的。

那么，这个时候你该用什么方法来打破他当下的信念呢？你可以试着把他当下的信念放大到一定的高度，将他信念的某个要素总结和归类到更大的分类中，从而改变（或加强）由信念所定义的关系。如此一来，当他的思想和视野开阔了之后，自然就会对自己之前的认知产生动摇，那么他能够被你成功说服的概率就会随之增加。

20世纪50年代初，我们国家号召人民奔赴朝鲜战场，但是号召了很久，也没有多少人民主动参与报名，甚至有的老百姓觉得去朝鲜和自己压根没有什么关系，但是后来一句"抗美援朝，保家卫国"的口号一出，老百姓的动力就来了，可能"抗美援朝"这样单说，确实离老百姓有些远了，但是加上"保家卫国"就不一样了，这可是和自己切身相关的事情，当然要主动参与了！

其实，这个口号之所以这么有号召力，就是因为后面的"保家卫国"扩大了老百姓的信念，他们从"抗美援朝"的信念认知到"保家卫国"的信念认知，无形间和自己产生了密切的关系——"噢，美国打朝鲜是想进中国啊，我们要求上前线！"所以最后尽管知道很危险，但是知道这是为了国家、为了人民、为了自己能够有一个好家园，于是也就被说服了。

扩大了信念，就找到了动力。所以说扩大一个人的信念等级没有那么难，简单来说，**就是把对方的信念向上归类，将对方提的问题向上归到一个更大的类别，创造一个更丰富的理解程度。**

例如：一个员工如果说"不行的，这个活动策划设计，我做不好的"，这个时候，我们可以将"我做不好"归类成"学习"，将"活动策划设计"归类为"新的创意"。所以，可以这样回复他："我理解你，任何新的创意的提出，都有一个学习的过程。我想知道，你的学习过程会有多久？"如此一说，立即激发了这位员工的工作积极性和做好这件事的信心。

下面，我们来看这样一个具体案例，看看"向上归类"的说服策略该如何应用：

刘湘做了十几年的市场经理，有着丰富的市场渠道，一个新成立的制造肽产品的企业看中了她的资源，于是就派副总裁来和她进行洽谈合作，想让她成为企业的代理商，并承诺给予她一定的销售提成及年底分红，但是任凭这个副总裁说得口干舌燥，刘湘也没有想要合作的想法，她觉得目前的工作已经很累了，并且工资稳定的她，已经挺满足的了。

她对这位副总裁说："你不用和我说那么多了，我的想法很确

巧妙应对：轻松破解对方语言

定，我不会和你们合作的，说实话，我对赚太多的钱没什么兴趣，够用就好了。"说完，就要起身离开，这时，副总裁说："确实，你可能对赚更多的钱没什么兴趣，但是你对过更好的生活也不感兴趣吗？你现在每天都很累吧？但是你拿到的钱，却没有很多不是吗？而我们这个平台却能给你更多的钱，并且你还有更多的自由，何乐而不为呢？"

最后，刘湘停下了脚步，转身走回来坐下，这一次她开始认真听副总裁说那些刚才已经说过的合作细节和要求，最后在确认了一些事项之后，刘湘决定辞掉现在的工作，和这家公司合作。就这样，副总裁凭借刚才的那一段话，说服了刘湘。

刘湘本来已经满足于当下的生活，这个时候我们用上篇中讲到的"拆解策略"是不太合适的，她需要的是什么？第一，认识到你自己当下存在的问题；第二，知道自己改变当下问题的方法。因此，副总裁选择提高她的信念档次，让她看到一个更加美好的情景，所以最后顺利地将她说服。

在生活中，我们一定要"具体问题、具体分析"，找到真正适用于对方的说服方法，才能让自己所说的话变得更加具备说服力，对方的思想也才能随着你的思想走下去，如果用错了方式，可能会导致对方产生更加不利于你说服的信念，到时候形成了排斥你的"信念壁垒"，那么说服他的概率就会降低。

6

使用比喻：学会侧面进攻

提到"比喻"这个修辞方法，我们都不陌生，因为这是大家从小学时就熟知并经常使用的方式，那个时候，比喻还停留在书面语言的表达上，而现今在人际交流与沟通中，也有很多人常常使用比喻的方式和别人进行交流沟通，运用这种方式，你能够深入浅出地说明道理，或者是形容一些难以表达的事物，让表达变得更加生动形象，让听的人更容易明白。

在说服过程中，如果我们能够擅用比喻，不但能让听的人更容易明白，还会增添沟通的趣味性，但要记住的是：千万不可言过其实，不然会起反作用。真正好用的比喻理应恰当有趣，配合个人情感，说话要层次清晰，注意逻辑关系，因为我们最终的目的是得到对方的认同，而不是炫耀自身的文采。

小黄是香港一家保险公司的业务员，有一次，他坐轮渡去九龙，在船上遇见了一家公司的大老板。小黄乘机向他推销保险，可是说得口干舌燥，对方也没有动心。当小黄说到保险可以为他保驾护航时，对方笑了，说："虽然我的实力与你们保险公司无法比肩，但是

第六章
巧妙应对：轻松破解对方语言

可以毫不夸张地说：我可以买下半个你们公司。你觉得我还有必要向你们买保险吗？"

对方的话让小黄无言以对。眼看渡轮就要靠岸了，小黄看见停靠在码头的"伊丽莎白号"巨型轮船，不由眼前一亮，计上心来。

"先生，您看见停靠在岸边的那艘巨轮了吗？"

"是的。"大老板说道。之后小黄说："那么我可以请教您一个问题吗？"大老板点了点头。"您看它那么巨大、沉稳，一定不会出意外，对不对？""依我看来，是不会出什么意外的。"对方似乎听出了小黄的用意。"那么它的下面为什么还要挂那么多救生艇呢？我刚刚数了一下，足有20艘救生艇。既然确定不会出意外，那么重的救生艇对它来说，不就是一个巨大的负担吗？不如去掉好了。"

听完小黄的话，对方微微笑了，他拍拍小黄的肩膀，说："我明白你的意思了，小伙子，好样的。这样吧，你明天一早来我公司，我们谈谈。"就这样，小黄谈成了一笔大生意。

面对客户的拒绝，小黄没有正面硬攻，而是巧借停泊在码头的巨轮"伊丽莎白号"上的救生艇，让对方明白"虽然看似安全，但是依然要保险起见"的道理，于是轻松攻入了对方的内心，最后达到了良好的说服效果。可见，比喻法是一种有力的说服工具，对于增强我们的说服力是很有帮助的。

正因如此，才会有亚里士多德所说的那句"说服最重要的就是拥有运用比喻的能力或技巧"。擅用比喻，其实既是一种先天的能力，也是一种后天培养的能力，至于比喻得是否恰当到位，这就因人而异了。所谓的比喻，简单来说就是抓住事物之间的相似性，用恰当的语言表现事物的本质，运用比喻的方法，能使你说的话变得浅显易懂，简单明了、而且有吸引力和洞察力。

　　王某是一家公司新上任的部门经理。经过一段时间的观察，他发现许多员工经常迟到。一天，王经理早早地来到公司，为他那个部门的每个员工买了份早餐。等员工都到齐了，他把早餐拿出来对大家说："各位，我知道你们工作很辛苦，由于时间的关系，来不及吃早餐，我特意为大家买了早点，希望大家每天都记得吃'早点'。"

　　最开始的时候，所有员工都不知王经理到底葫芦里卖什么药，后来经公司有"迟到王"之称的张越提醒，大家才终于想明白什么意思，也终于明白王经理的良苦用心，原来王经理其实是想借"早点"来提醒大家上班早点，以后不要再迟到了。

　　从此以后，再也没有迟到的现象出现。在这里，王经理巧妙地运用谐音词，说服员工以后别再迟到，不仅幽默风趣，而且委婉含蓄，更是体现浓浓的"人情味"，这种说服技巧不能不让人佩服。

　　通过上面的事例，你知道如何巧用比喻了吗？比喻真的一点都不难，它只是认知的一种基本方式而已，我们通过把一种事物看成另一种事物而认识了它，也就是说找到甲事物和乙事物的共同点，发现甲事物暗含在乙事物身上不为人所熟知的特征，而对甲事物有一个不同于往常的重新认识。

　　仔细观察，就会发现比喻在生活中无处不在。当我们运用比喻的方式说服他人时，可以让自己的话语柔和，但却更有力度。而且使用这样的方式，更加容易被别人所接受，只要我们所用的比喻是正面意义上的，并非带有讽刺、嘲笑，抑或是抨击的含义，那么对方一般不会呈现反感之态，反而还会觉得你这样表达十分有趣、灵活。

巧妙应对：轻松破解对方语言

7

改变框架大小：从不同的情境重新评估

当我们在说服别人的过程中遇到阻碍的时候，还有一个方法也十分好用，那就是"总裁智慧系统"说服力中回应术的一条策略：改变框架大小。所谓的"改变框架大小"是指**从不同的情境重新评估（或强化）信念的含义，这些情境包括：更长（或更短）的时间框架、较大的人群（或个人观点）、更大的或更小的视野。**

例如："你可能不是第一个或唯一这样想的人。或许能够成功地改变这个想法的人越多，未来其他人就越容易改变这种信念。"或者"若干年后，你可能很难想起你有过这样的信念"。这两条回应，一个是扩大人群思想框架，另一个是拉大时间框架。这都是"改变框架大小"的实际应用。

许迎春是一家旅游公司的导游，她带着旅游团去巴厘岛游玩的时候，按照旅行团规则必须要去一些固定的购物点，而她的作用就是辅助销售，根据旅游团消费的金额，她会拿到相应的提成，但是这对刚刚带团的她来说，有些难度。但是后来，在公司老导游的指点下，她才知道如何在辅助销售中拿捏好这个度。

一次在珠宝首饰的购物点，一个旅行团的小姑娘看着这些亮闪闪的钻石心动不已，但是毕业不久的她还没有多少积蓄，一个一万多的戒指就顶得上她这半年攒下来的钱了，所以尽管她十分心动，但是也就只是走马观花看一看而已，这个时候，许迎春走了过来问她："看中哪一款了……"她笑笑说："没看中什么，我也用不着，也买不起！"

这个时候，许迎春说："确实现在的你可能用不到，不过再过几年等你当上领导，要出席什么重要场合的时候，这种项链、戒指就是最佳配备了，到时候要是还戴着一些便宜货，倒是会掉了身价。"就这么一句话，让小姑娘瞬时心动了，她想想许迎春说的话，其实也不无道理，现在确实可能是用不到，但是以后说不定就用到了啊，于是动心的小姑娘最后花了两万块钱买了一个漂亮的水晶戒指，这完全超乎了她的预期，当然许迎春自己也没有想到。

以上的案例，通过转换时空视角，让旅行团的小姑娘看到了"买戒指"的未来价值，尽管当下的她可能并不需要这么昂贵的戒指，但是对于未来的她而言可就不一定了！每个人都希望自己是不断向上发展的，导游许迎春的话正好迎合了小姑娘的心理，让她在脑海中构想出未来的自己，参加一个重要场合的情形，所以这个"拉大思想框架"的说服策略自然而然就生效了。

下面，我们再来看一个"改变框架大小"在亲子关系方面的应用案例：

李林的儿子不愿意参加体育活动，为了给他树立榜样，他报名了市里的马拉松赛，并和儿子说："能坚持到底，就是胜利，这就是体育精神！"可是到了真正跑马拉松那天，他们一家来到了现场，看着

第六章
巧妙应对：轻松破解对方语言

那么多的人，觉得很心烦，而且那么长的路线不知道要花费多长时间能跑完呢，于是有点打退堂鼓。

正想着转移话题，带着妻子、儿子去别的地方，他妻子看出了他的心思，于是把他叫到了一边，对他说："你现在是不想参加这场比赛了吧，可你当初是怎么和儿子说的，说是给他树立榜样，可现在你要是不跑，儿子以后还能鼓起勇气参加体育项目吗？你希望儿子也和你一样，遇到困难就退缩、就想着回避吗？"

听完妻子这番话，李林打消了不参加比赛的念头，虽然这肯定是一场"苦战"，但是妻子说得很有道理，作为孩子的父亲，他必须信守承诺，也必须给儿子树立好榜样。在这样的信念支持下，李林成功跑完了全程，尽管没有拿到什么奖项，但是一千多名参与者，仅有不到50人跑完全程的，而这其中就有他一个，当儿子看到他坚持跑完这场马拉松比赛之后，马上对他竖起了大拇指并说道："爸爸，你简直太厉害了！"

妻子能够说服自己的丈夫坚持跑完马拉松，就是因为把当前的"问题框架"拉到了未来的情景中，当丈夫想到自己没有给孩子树立好榜样之后的影响，于是打退堂鼓的他又决定继续坚持下去。这只是生活中一个很常见的情景，所以我们运用"改变框架大小"的方式，可以使用在很多普遍的生活情景中。

如果是放在商业之中，我们出去谈合作，感觉进入瓶颈的时候，就可以运用这个说服方式，跳脱出现有的情景，无论是拉长或缩短时间线，还是融入一个较大或较小的人群……都能够起到缓解"冲突"的效果，而且这样话题的思路也会变得更加开阔，当对方走出自己的"问题框架"的时候，就容易被我们所说服。

8
另一结果：拒绝的原因就是说服的理由

我们在和客户推荐自己产品的时候，总是会被泼冷水，这是因为客户本身对于你是存在防范心理的，所以在你想要说服他的时候，他就会自动建立"屏蔽机制"，更有厉害的客户随便说一句话，就能让销售人员放弃推销的想法，遇到这样的客户，我们首先要做的就是不要慌乱，看看他（她）拒绝我们的原因，是不是在转换角度之后，能够变成我们说服他的理由。

就像生活中，我们常听到别人说："我没有钱。"那么你就可以说："正是因为你没有钱，才需要参加××项目，来挣更多的钱啊！"利用对方没有钱的理由，来刺激他参与自己的某个项目，不但轻松地破解了对方的抗拒，还给他提供了一个解决问题的方法，由此说服就变得很容易了。

一个教授《时间管理》课程的导师，在两个月之内收了近800个学员，并且这些学员几乎都是企业的领导或是储蓄干部，很多人想知道他用了什么方法，他只说了一句话："找准客户定位以及增强自身说服力即可达到这样的效果。"其实，说服力有很多种，关键在于他选择了一种最适合自己的说服方式。

巧妙应对：轻松破解对方语言

原来，每次当他获得这些企业领导、高管、储蓄干部的信息时，他们通常对课程很感兴趣，但是思来想去之后，他们最大的矛盾点在于自己压根没有多余的时间，这可以理解，因为能站上高位的人，肯定工作压力特别大。如果是普通的销售，则可能会说："你这次没有时间，那什么时候有时间啊？"其实这样，反而会损失客户源。

而这个导师是怎么应对这个难题的呢？当客户说"我去不了，我没时间"之后，他笑着回应道："的确，看得出来您的工作很忙，可你也不想那么忙，没有时间对吗？我们这个《时间管理》课程就是帮助您解决这个问题的啊！您来上我的课程之后，懂得如何利用时间、管理时间了，那么您还会觉得自己没有时间吗？"

这个案例可以说是十分典型的，这个导师就是巧妙地跳出了对方的信念框架，转移了说服目标，和对方表示：正是因为你不懂得"时间管理"，所以才忙忙碌碌，让自己没有时间，而当你掌握了"时间管理"的技巧时，你当下的这个问题不就轻松解决了吗？由此达到了说服的目的。

下面，我们再来看一个其他情境中的案例：

陈刚毕业之后，由于找工作不顺利，于是陷入了"三无"状态，他觉得自己可能真的没有什么能力，所以屡次面试屡次被别人拒绝，所以当他的父母通过自己的关系，给他找到一份合适的工作时，他却毅然决然地拒绝了。他和自己的父母说："你们给我找好的工作，并不是通过我自己得来的，我不想去，我可能真的就没什么本事，要是老是靠着你们，我还能有什么出息！"

距离报到的时间越来越紧，他的父母都很着急，但是不管他们怎么和陈刚沟通，陈刚就是不愿意接受他们的安排，后来陈刚的舅舅从国外回来，他了解了陈刚的情况之后，对陈刚的爸妈说："你们俩放心吧，小孩子还是气盛，让我来劝劝他就好了。"说完，就敲门走进了陈刚的房间，陈刚看到自己的舅舅，马上就想到他是父母的说客，所以上来就说："舅舅，你不用劝我，我不会听的！"

他的舅舅笑笑说："那你先回答我几个问题吧！你觉得没凭自己的能力找工作很无能是吗？没办法证明你有能力是吗？"陈刚说："是的，我不想依赖父母了！"舅舅说："那你现在是干什么呢？每天吃家里的、喝家里的，花父母的钱……说实话，你去工作才能让自己独立，不依靠父母啊！而且你工作做得出色，不也就证明你有能力了吗？！"陈刚听完舅舅一番话，最终决定去上班。

陈刚拒绝父母的理由是"不想依赖父母"，而他的舅舅通过转移目标，来反问他"既然不想依赖父母，那你现在吃家里、喝家里的，难道不是依赖父母吗？"通过舅舅的话，陈刚意识到自己之前的信念出了问题，如果想要真正做到不去依赖自己的父母，那么就必须走出家门，努力工作，争取独立……有了这样的想法之后，陈刚最后才听从了舅舅的建议。

当我们把目前无法继续沟通下去的话题转向另一种结果的时候，那么又可以从另一个角度来继续之前的话题了，这就是"转移目标"的好处。只要不在当前的问题上纠结着不动，而是转向一个不同的目标，这样侧面挑战（或加强）信念的适宜性。如此一来，说服别人的概率也就大大增加了。

巧妙应对：轻松破解对方语言

9
跳出框架：利用他人的世界观

一个人的思想一旦形成，其实是很难打破的，在说服他人的过程中，我们如果不能在对方信念、价值观上去做更好的引导，那么我们也可以突破对方的信念框架，从别人的世界观来对其进行引导，让他看看除了自己之外，其他人的信念是什么样子的，或者是利用其他人的思想需求，来刺激他信念的更改。

例如："你很幸运。很多人没有认识到他们的限制是信念造成的，他们完全可以改变这些限制。你已经比他们超前很多了。""艺术家经常把他们的内心挣扎变成创作灵感的源泉。我想知道，你改变信念的努力，可能给你带来哪种创新？"这些都是从不同的世界观框架，重新评估（或强化）对方信念所作出的回应。

李萌是一个刚毕业的90后女孩，她活泼开朗，本是在公司应聘人事经理的她，后来被人事部推荐到社群运营部门做活动策划，她对互联网思维掌握的灵活，并且对热点事件十分敏感，很得老板的认可和喜欢。半年之后，她已经跟着团队策划了不少活动，并且都到现场亲自指挥大家，布置活动现场，以及进行人员安排和调动。

后来，老板决定让她亲自带一个项目，作为整个活动项目的总负责人，这是公司从成立以来都没有过的事情，尤其是她还未入职满一年，这是一个很好的机会，但是她却有点打退堂鼓，她觉得自己的经验还不是很足，而且她又很担心出现临时的突发状况，自己处理不好，会把活动搞砸，这种心理让她变得犹豫不决。

几经思考的她，最后还是决定放弃，和老板说："我的经验可能还是不足，我想再磨炼一段时间，谢谢您给我这个机会！"而老板却笑着对她说："经验充足都是靠这么磨炼出来的，只不过你可能比别人要提前一些罢了，你其实很幸运，其他部门的经理都还没有机会来做活动的总负责人呢。你觉得呢？"

老板就是通过"其他部门经理还没有机会"这句话突出了这是一个难得的机会，想要告诉李萌的是：你看，你觉得有困难，不想接受挑战的事情，是其他部门经理都渴望得到却没办法得到的。这样就顺便引入了别人的世界观，也让李萌意识到自己面前的这个机会是可遇不可求的，所以最后想也不用想，李萌接受了这个任务。

所谓的跳出框架，利用他人的世界观，就是告诉我们：在说服别人的时候，要引导对方设身处地地站在别人的角度去思考，体验一下别人的世界观。第一，别人的世界观，尤其是大部分人的世界观会有"震慑"作用，对方会想：那么多人都那么觉得，而我和他们不一样，我是不是错了？第二，别人的世界观可能和被说服者的目标有挂钩，那么我们就可以利用别人的世界观去说服他。

一个外企公司的项目总监，本想老老实实的在老家工作，直到退休，没想到总部看中了他的才华，想要让他去国外开发一个大项目，如果能够顺利完成这个任务，可能还会升职加薪，但是想要完成这个

第六章 巧妙应对：轻松破解对方语言

项目，需要耗费很大精力，而且必须要在国外居住长达两年时间，左思右想一番之后，这个项目总监还是婉拒了总部的需求。

他发邮件回复总部："我年纪大了，不想折腾了。谢谢您的赏识，公司里还有很多更有才华的人，比我更适合接手这个项目。"几个小时之后，他收到了总部的回复，"我理解你的想法，但是我觉得公司里没有谁比你更合适了，你想一想，你今天的所有付出，已经不只是为自己了，都是为了家人和团队，对吗？你还能挑战更高的成就，当然也包含着更高的薪资待遇……"最后，项目总监被这段话说服了。

总部通过引入"家人和团队"，让这个项目总监又燃起了斗志，因为人这一辈子做事不单单是为自己，更多是为了自己所爱的以及所在乎的人，所以这句话就变得很具备说服力了。这个案例便是第二类"引入他人世界观"从而和自己目标结合的实际应用，我们在生活中遇到此类情况的时候，便可尝试以这样的方法说服他人。

除此之外，这个方法也适用于其他情境，不过有一点需要我们注意的是：我们所引用他人的世界观，这个"他人"必须具备一定的影响力，或有足够的"权威"，或是和被说服对象自身紧密相关，达到这个要求，才能令这个说服法生效，相反，如果引入影响力不大的"世界观"，对说服他人是没有任何意义的。

10

举例事实：提供说服的有利证明

在现实生活中，当我们说一些有利于自己的事情时，人们通常会怀疑你和你所说的话，这是人的本能的一种表现。而当我们选择以另一种方式说有利于自己的事情时，却可以大大消除这种怀疑。因此，对我们来说，那种更好的方式就是：不要直接表达自己的想法和建议，而是引用一个真实的事例，让它来替你说话，毕竟真实的事情，人们是无法否定掉的。

举例来说：如果有人问你，在这里买房子到底合不合适啊？你可以这样回答他："我认识的一个大爷就住在这里，之前买房子很便宜，现在都已经翻了好几番了！"事实上，是你认识的这个大爷替你有效地回答了这个问题，尽管他并不在旁边。在这个询问中，你完全都不用以自己的立场去回答问题，引用一个真实的事例即可。

国会议员彼得·金召开听证会，国会议员凯斯·埃里森在被媒体记者采访的时候，表达了自己的想法。他认为穆斯林受到了听证会的不公正聚焦，在阐述了自己的理由之后，他用默罕默德·所罗门·哈姆达尼（Mohammed Salman Hamdani）的事例作为例证，这位阿拉伯裔的消防员为解救双子塔中的被困人员，在"9·11"事件中牺牲

第六章
巧妙应对：轻松破解对方语言

了自己年轻的生命。埃里森揭露了某些人是如何通过提醒公众对哈姆达尼的伊斯兰宗教信仰的关注，从而抹杀了他为国家做出的牺牲。这个真实的事例所带来的震撼力，加上他本身动情的讲述，有力地支持了埃里森的观点。

只要你能讲述出一个为自己想法作证的真实事例，那么就能够成为说服他人接受自己观点的有力工具。很多时候，我们主观色彩浓厚的言辞，往往流于极端而缺乏说服力，别人很有可能左耳进右耳出，但是，如果我们把得当的言辞融入一个真实的故事中，那么就可以直指人心。

还记得2016年轰动全国的魏则西事件吗？他一句"什么是人性中最大的恶？"将百度推向了舆论的旋涡，因为百度竞价排名，他错失了救治自己的最佳时机，只能等待死神的来临。为什么他能够触动全国人的心，让大家声讨百度呢？因为他的故事让我们产生了共情，这铁铮铮的事实，不会骗人，这就是说服他人的最佳证明。

一家做服装生意的厂商以设计、制作本土民族服装为主，销路不错，生意兴隆。但是老板固执地认为，本土服装市场正在萎缩，只有走向国际，设计生产时装，才是企业的生存之道。经过几次折腾，公司尝试生产的时装惨遭市场淘汰，赔了一大笔钱。老板有好几年偃旗息鼓，不再动生产洋装的念头。随着服装市场越来越丰富多元，老板逐渐又见异思迁起来，认定了原先固执的想法。

一位朋友决定说服他放弃这个固执的决定。朋友说："不经一事，不长一智，前几年的赔本生意，你还没汲取教训。"老板听了这话，明显受到刺激，不言不语。朋友又说："原先做旗袍婚纱服装的大华公司，改做礼服，目前经营不景气，快要关门了，你是知道的。

时装这个行业竞争激烈，你要有心理准备。"这个例子很有说服力，老板有些心动，欲言又止。

朋友接着说："服装市场竞争激烈，小企业根本生存不下去，有特色的才有生存空间。你公司的本土服装在市场上可说是独一无二，丢了这个优势，你拿什么在市场上生存？"这番话一针见血，老板觉得无可辩驳，终于醒悟，放弃了原先固执的冒险念头。

亚里士多德说："**我们无法通过智力去影响别人，而情感却能做到这一点。**"我们在解决问题的时候，可以用逻辑、用理性，然而，当我们要去影响别人、让他们认同我们的时候，只有逻辑是不够的。我们需要具体的事例，因为只有这些真实的事例，才能达到共情、建立人与人之间的链接，让他们站在你这边。

任何想要说服别人、激发对方情感的场合，你都需要真实的事例作为支撑。然而很多人在说服他人的过程中，还是只采用干巴巴的语言，就像是为了说服而说服，这样又怎能说服别人呢？除此之外，还有很多人没有事例可讲，那是因为他本身就没有那些素材，不去收集、学习，就是编故事也很难吧！其实，讲述事例是除了结构化思维以外，另一个被我们大大低估的能力。

巧妙应对：轻松破解对方语言

11
列举反例：找出一个"违反规则的例外"

在现实生活中，多数人被客户"一竿子打死"的现象十分常见。例如：你对一个客户十分耐心地进行着产品介绍，但是对方不但不领情，还会甩出这样一句话："这种产品我见得多了，没一个好用的！"这一下子给人一种"拒人千里之外"的感觉，到了这一步的时候，相信大多数的销售人员都会选择放弃，甚至还会觉得这个客户有些不可理喻。

其实，这一类型的客户心理防线很重，所以他才会以这样的方式说话，从一开始就让你打消成交他的念头。当然还有一种情况就是，可能他否定的这么决绝，是因为之前自己真的吃过亏，于是产生了反感心理。对于这样的交流对象，我们一定要想办法通过自己的语言描述，打破他的防备心理。

李某在辞去销售工作之后，在网上开了一家专卖减肥药的淘宝店，刚开始她花了很多钱参与了淘宝平台做的各项活动，因此引流到不少客户，但是很多客户买了她的产品之后，都说没有达到理想的效果，于是给了差评，她为了验证这个减肥药是否真的好用，不仅自己进行了尝试，感觉是有一定效果的，之后她还联系了那些没有评价商品的客户，结果反响还不错，只不过就是懒得写评价罢了。

一天，一个客户在淘宝上进行客服咨询，先是询问了产品的价格，后来又询问了如何合理服用才能达成减肥的效果，本来李某都已经成功说服让其买单了，但没想到半个小时之后，这个人又反悔了，她把产品评价截图发给了李某，说："看来你家也是骗人的，卖减肥药的都是骗子，都说用了不好使，我现在就要退款！"

李某立刻回道："你吃了这么多减肥药，就没一个好用的吗？你仔细想想，是不是因为自己不按要求吃药，以及缺乏适当运动，后期反弹了？"这个客户忽然就沉默了，李某见此马上又把一些好的产品评价截图发给了她，说："这样吧，你按照产品说明书服用，每天拍记录照片给我，如果吃完一个疗程，一点效用没有，我双倍退款。"最后，李某用一个"反例"说服策略+风险保障策略，成功打消了客户退款的心。

这个世上，所有的事物都是辩证存在的，有"正"亦有"反"，有"好"亦有"坏"，没有所谓的绝对规则。就像女人在爱情上受到打击的时候，通常会说："我身边就没有一个好男人吗？"这个时候，你要打破她这种想法，你就可以说："你仔细想想，你的身边真的没有一个好男人吗？你的父亲、舅舅、叔叔、哥哥、弟弟、同学、朋友、邻居……"那么她就跟着你的思路走下去，想一想之后，也许还真能回忆起某个男人对她友好的具体事例。

下面，让我们再看这样一则案例：

有一个女孩，因为恋爱不顺利，最后想要跳楼自杀，在被市民发

第六章 巧妙应对：轻松破解对方语言

现之后，立刻报了警。警察赶到的时候，女孩坐在天台上摇摇欲坠，这个时候，警察怕吓到她于是没敢大喊，在慢慢靠近她之后，忽然被她发现了，她大喊着："你们谁也不要靠近我！谁再多走一步，我就直接跳下去！"说着，还故意往前面挪了一挪，这下警察不敢动了。

等女孩稍微平静下来一点的时候，警察开始试着和她进行沟通，最初女孩置若罔闻，还是一个人静默着不说话，后来，警察问她："你年纪还这么小，有什么想不开的呢？世界上比你糟糕的人多的是！"这下，女孩好像有点生气了，她扭过头来说："你懂什么！你什么也不知道！我男朋友就是个骗子！我周围一个关心我的人都没有！"

这个时候，警察说："怎么可能没有关心你的人呢？你的爸爸、妈妈……""他们早就不管我了，他们各自有了新家庭，我算什么，就是个累赘！"警察一听，立刻把话锋一转说："那你说得也不对啊！你想想，真的没一个人关心你吗？我们现在站在这里，就是关心你、安慰你的，还有楼下担心你出事的叔叔、阿姨，听叔叔一句劝，失恋了很正常，没什么大不了，这证明你还会遇见更好的男人、更值得你期待的男人，不是吗？"听完警察的话，女孩终于忍不住号啕大哭起来，警察趁机把她抱了下来。

案例中的警察，通过和女孩沟通，找到了让她做出疯狂举动的原因，并巧妙地破解了女孩子过分绝对的话，让她意识到周围还有很多关爱她的人，因此，触动了她的心，在她释放情绪的那一刻，正好给了警察营救她的机会。

在说服别人的过程中，那些和你说"绝对""绝不""没有"的人，其实都是最好说服的人，为什么这么说呢？因为万事万物都是辩证存在的,所以一个人强烈否定某些事物,这样的想法本身就是不正确的,所以你就可以更好地对他进行"教育",只要你说的话"言之有理",那么,他反而没有了不再听信你的理由,所以说服他也是顺便的事了。

12 准则层次：创造更重要的价值

什么是准则层次呢？我们可以这样理解：**准则是我们大脑中产生的信念，层次是指这个信念的层级**。在我们说服他人的过程中，对方大脑中一定有一个属于他自己的信念，而我们想要让他的信念动摇，那么，这个时候我们可以找出他信念所确认的准则，并根据比它更重要的其他准则来重新评估（或强化）信念。

例如，一个人说："我想要成为一名飞行员！"但是身体有残疾的他，并不太适合这个工作，纵然内心有这样的想法，且十分强烈，但是实际情况就是没有办法完成。这个时候，我们可以这样说服他，说："这个工作是否真的适合你，比你想要去做这个工作更重要。不适合你的工作，多想也无益！"

毕业之后，程阳进了一家互联网公司，由于业绩能力突出，得到了上级领导的赞赏和推荐，一年之后，由于他的业绩在公司所有销售人员中领先，于是公司老板决定破格提升他为市场经理，并且专门成立了销售小组，让他进行培训。本是一件好事，可是没过多久，程阳却感觉自己的压力不断增大，因为自己要做业绩，还要对其他员工进行指导,这对他来说要耗费很大精力。

他去老板的办公室,和老板反映道:"李总,我可能没有办法对其他人进行培训了,第一,我觉得自己专业能力还不够;第二,我觉得自己培训的能力还欠缺很多,讲的也不是很好;第三,我没有办法保证一定能给其他人带出结果。除了这些,我自己还要单独去做业绩,觉得精力有些跟不上,所以我请求退出培训。"

公司老板笑了笑,回应他说:"第一,公司是充分认可你能力,才把这个任务交给你的;第二,没有谁一开始就会培训的,给你这个机会,就是在磨炼你的培训能力;第三,没有人让你保证给其他人带出结果,我要的是你教给他们销售技巧,他们自己会为自己创造结果。最后,你再想想,我为什么把这个工作交给你呢?是因为我想让你学到更多,承担更多的工作和责任,然后把你培育成为一个优秀的市场总监,这个任务的挑战跟你成为一名优秀的市场总监的目标相比较,又算得了什么呢?"程阳被公司老板的最后一句话说服了。

公司老板说了这么多,唯独这最后一句话触动了程阳的心,这是为什么呢?很简单:就是因为这位公司老板把"做培训遇到的困难和挫折"先放到了一边,而是把他的信念提到"成为优秀市场总监的目标"这个层次上,转移了他的重心点,也触动了他的心,因此,最后他被公司老板顺利说服,接下了这个任务。

接下来,我们再看一个具体案例:

佟晨为了结婚置办新房,在装修完九十多平方米的房子后,准备带着自己的爱人去购买一些家具,到了商场之后,他看中了一个特别好看的沙发,看起来也十分大气,但就是价格一万多元,这并不在他

巧妙应对：轻松破解对方语言

的预算之内，于是又让老板推荐了其他沙发，可是看来看去，怎么都不满意，老板也看出来他比较喜欢第一眼看中的沙发，于是对他说："既然你那么喜欢那款沙发，不如就买下来吧。"

可佟晨摇了摇头说："这也太贵了，我本来只想花个五六千的，现在都是我预算的两倍了，老板你看看，我诚心买这个沙发的话，你能让多少钱？"老板说："这个沙发品质确实是好，我最多也只能让五百了，多了我也不划算。"佟晨摇了摇头："太贵了，那就算了吧，还是看看别的吧！"老板笑着说："你不是置办新房吗？你想想，大钱都花了，你就该买一些高品质的家具，才配得上你的新房啊。你再想想，要是这些家具布置好了，不仅看着舒服，还改变你全家的生活品质，你还觉得贵吗？"最后，因为老板的这番话，佟晨决定买下了这个沙发。

人性的特点就是：会为自己所认为重要的事情而产生行动；会为自己最需要的产品而买单！当他的信念已经不足以支撑他的行动时，他就会放弃这个当下的信念。所以，在任何情境中，我们想要顺利说服他人，便可以使用这个说服策略，提出比对方信念更高级、更重要的信念，就能够让他转变当下的思想，被你所说的话说服。

13

反击之术：以其人之道还治其人之身

很多人在说服别人的过程中，掉进了别人的语言陷阱，反被对方将了一军，这种情况在生活中太常见了，那么我们到底该如何应对别人设计的语言陷阱呢？很简单，就是用同样的方式还击回去！在这里，我提供两种方式：（1）找到他的语言漏洞，给予最有力的打击，让他哑口无言；（2）另辟蹊径，切换话题、角度来进行回击，让对方反应不过来。

当然，方法我们知道了，但是回应的时候必须要有一定的技术含量。一般来讲，给你设下语言陷阱的人，肯定是故意的，这时候回应他们就要更加小心。如果随意乱说，那么很可能让他们从我们的回应中发现漏洞，从而对我们进行更加猛烈的攻击。总之一句话，态度上要强硬，但理论上要完备，这样回应对方，才能一击制胜，还不被对方抓住把柄。

王帅和李亚是同事，但两人也是竞争对手。王帅一心想将李亚赶出公司，常常在一些公开的场合说李亚文化程度低、水平差，不堪重任。李亚知道王帅针对的是自己的一次口误：有一次上台演讲时，将

第六章 巧妙应对:轻松破解对方语言

"地壳"中的"壳(qiao)"读成"果壳"的"壳(ke)"。但由于这是事实,李亚无从辩解,所以每次都只能忍气吞声。但李亚一直在寻找机会,想给对方以还击。

机会终于来了:王帅在背后说别人坏话,不料却被对方录了音,让当事人知道了。当事人当即找到王帅,要王帅当面道歉并澄清事实。这事虽然在双方朋友的调解下得到了解决,公司并没有太多人知晓,但由于当事人和李亚是好朋友所以李亚也知道了此事。然而李亚并没有将此事宣扬出去,他在等待机会,要给惯于说别人坏话的王帅一个教训。

有一次,李亚在茶水室偶尔听见王帅在和新来的经理说自己念错字的事,立刻走过去说:"念错一个字不要紧,说错了话有时才出大问题呢。王帅,你说对不对?""对!对!"王帅愣了一下,立刻明白了李亚所指何事,忙不迭地点头说。然后他还对经理说:"人嘛,谁没有点小错误,李亚在业务上能力真的很厉害,上个月做了不少业绩。"李亚听了,笑着向王帅点点头。从此以后,王帅再也不敢乱说李亚的坏话了。

李亚语气平淡,却暗藏机锋,外人或许听不明白,但是作为当事人的王帅却再清楚不过。在李亚的还击下,王帅无言以对,却又无可奈何,这就是驳斥对方时一针见血的妙处,李亚的隐忍终于换来了一击制胜。这说明既然是反击,就定不能含混不清、拖沓冗长,而是要尖锐明确、直中要害,既能一语中的,又能让对方无可反驳。

选择这样的回应方式,不但需要勇气,更需要足够的智慧,要有具备敏捷的思维、迅捷的反应能力,以及敏锐的洞察力。要想真正做好这一点,不仅要有良好的心理素质,并且在面对突发状况时,能够保持镇定与冷静，更要有开阔的头脑、丰富的知识储备，而这一切都需要平时注意积累和培养……看看商家大佬之间的"唇枪舌剑"的对话，能让我们从中学到许多。下面，我们来看看马云是如何应对别人的"刁难"的。

马云在做客《面对面》节目的时候，谈到了网店征税的问题，有人在现场向马云进行了提问，随后马云在回答这个提问的同时，也对一些经济学家进行了回应。在现场，李成东这样问道："我们知道线下零售已经受到影响了。如果强行征税，淘宝的东西能不能更便宜，您对此是什么态度？这件事对淘宝本身有没有什么影响？"

马云则笑着回答说：

"这是一个好问题，这个问题是一个经常胡说八道的经济学家提出来的，不是你，跟你没关系。我知道有一个经济学家，带头提出了淘宝成功是因为中国税收贵了所以这个样子。因为我们习惯觉得别人成功，一定是钻了某个空子。你觉得有没有这个原因？有这个原因，这个原因到底有多大，非常非常的小。

"在淘宝上面，今天来讲，94％的卖家不在征收税收的比例里面。但是由于这个不在征税里面，这些人一年的营业额在24万元人民币以下，这些成了淘宝主体市场。超过的6％，我们发现很多人已经开始在交税，今天在淘宝上依靠淘宝成长发展创造就业的间接和直接有1000万人，我们把6％所有的税加起来有五六十亿元，国家愿意收这五六十亿元，即使收得精光，还是希望这1000万人创造更多的创业和就业机会。

"我好像四年以前就讲过，一个企业不交税不道德。我告诉淘宝，今天这个时代，是欠债的一个红利时代。如果你不为这个作准

第六章
巧妙应对：轻松破解对方语言

备，是走不远的，真能够靠不交税持续的经济是不可能的，所以我100％相信淘宝那些企业会继续创造更多的奇迹出来。因为他们并不是人们想象的那样靠一点点偷税漏税，他们靠创新在生存，他们靠希望在生存，我对他们抱有希望。"

十个指头还有长有短，更何况不同的人呢！在生活中，我们难免遇到一些和自己对着干的人，这个时候，我们千万不要因为愤怒而乱了阵脚，你越是在意对方的语言攻击，以及他人对你的看法，就越会落进对方所设下的圈套里，从而让对方顺利地达成了他想要的目的。如果说服是我们在沟通中所展现的进攻方式，那么巧妙回应就是我们最佳的防御方式。

因此，不要害怕别人的"攻击"，这个时候，我们只需要勇敢、坚决、果断地进行还击，用自己的智慧与他针锋相对。无论是反唇相讥也好，还是以牙还牙也罢，总之，无论采取什么方式，都不能让他丑恶的目的得逞。如果你愤然离去或者与他大吵大闹起来，都是不妥当的。因为这不仅会助长其气焰，更会有损自己的形象。

14

超越框架：否定中重新审视信念价值

很多人沉浸在某些"问题框架"中出不来的时候，是因为他没有直面问题的勇气，所以也就丧失了去寻找方法的信念，如果我们作为说服者，那么就一定要引领对方跳出他目前的思想框架，在对他信念进行否定的同时，给他提供一个正确的思维路径，也就是解决问题的方向，如此一来，他才能尽快从"问题框架"中走出。

下面，请看一则这样的案例：

身为一家之主的李娜，因为自己轻信交往多年闺蜜的话，在未了解全部项目内容之前就决定投资，结果最后不光一赔到底，还背上了三百多万元的负债，这对一个单亲家庭的打击无疑是致命的，因为孩子还在上学，很多地方都需要用钱，她不知如何是好，只能日益消沉，喝酒买醉。

李娜的爸妈得知这件事以后，拿出了自己全部的积蓄，决定帮助女儿还债，可是也只是杯水车薪而已，看见自己的女儿情绪消沉，当父母的更是心痛，他们安慰李娜："没事的，孩子，我们一家都陪着你渡过难关，你不要这样消沉下去了！不就是欠了一点钱吗，有什

巧妙应对：轻松破解对方语言

大不了的！只要一家人在一起总能渡过去的……"对于父母的话，李娜更是感觉愧疚。

最后，还是李娜的大学同学在微信上劝服了她，让她振作了起来。她的大学同学说："你现在这个样子有什么用！你想想，如果你一直陷在'我完蛋了'这种情绪里，希望事情没有发生，逃避问题，这么做有什么好处？这只会消耗自己，等你准备好振作起来，想着怎么把欠的债还上，怎么有新目标、创造新结果的时候，解决这个问题的方法就会出现！"

通过"超越框架"，我们就能够从动态的、个人化情境的框架重新评估信念——从而建立关于信念的信念。例如，"或许你觉得很难改变自己的信念，是因为以前你缺少轻松改变它们所需要的工具和认识""也许对你来说，你现在难以改变的这个信念，是让你停留在这里的好借口？""也许你现在的方式中有你喜欢的地方，或者只是有些部分你喜欢？"

郝嘉佳在大学期间是学习图纸设计的，主要使用CAD作图工具，毕业之后，却面试了一家小型广告公司，应聘设计岗位，但是从来没有使用过PS的她，不知道如何下手，因为小公司招人困难，人事招聘人员思来想去决定把她留下来，进行专业的培训，教她如何使用PS、AI等制图软件。

郝嘉佳在实习了一个月之后，觉得自己还是操作不够流畅，而且她本身也没什么策划的思维，有时候根据老板要求做彩页、海报的时候，总是不能达到老板的要求，于是她就有些打退堂鼓。一次她在吃饭的时候，和招聘她进公司的人事聊到了这个问题，她说："我觉得自己还是不适合这个职位，你想想，我大学本身也不是学这个的啊，怎么能做好呢？"

人事却说："那你大学之前不也没学过CAD吗，都是学习才会的啊！其实你是不是专业学过设计的，这并不重要，你只需要知道，现在的你只要静下心来学习，掌握好PS设计工具的各个功能键，学习一些基本的修图方法，多看看其他公司的设计作品，当你熟悉这些方法和工具的时候，你就不会认为用PS是一个问题了，你觉得呢？"听她这么说，郝嘉佳觉得有些道理，于是便打消了辞职的念头。

人事之所以能够成功说服郝嘉佳，是因为她从侧面否定了郝嘉佳"我学不好PS"的信念，并改变了她的信念框架的大小，把当下的情景拉到了她上大学之前，让她认识到自己做CAD的能力也是一点一点学起来的，最后以"掌握PS方法和工具"来收尾，给她提供了准确的思想方向，解决了她原本的"否定以及对抗"的信念。

"问题框架"都是人"思想滞留"的表现，当我们要让对方从这样的想法中走出来的时候，就必须引导他重新对信念本身进行审视，找到"问题"的根本原因出在哪里，之后再对其进行说服，在"击破"他现有信念的基础上，我们必须重新给他树立一个全新的信念，这就是"超越框架"的意义所在。

导师语录

同样一段话，先详述事情原因、再说事情产生的影响与先说事情的影响、再详述原因会产生不一样的结果。

引用一个真实的事例，让它来替你说话，毕竟真实的事情，人们是无法否定掉的。

在沟通中，说服所展现的是一种进攻方式，而巧妙回应则是最佳防御方式。

每个人的精力都是有限的。如果不讲究方法，只是一味地埋头苦干，那么到头来肯定只能事倍功半。

最好的说服，其实就是对方抛开"敌意"的心悦诚服。

在说服的时候，切忌融入自己的情绪。在任何场合下的发怒、过于激动、过于高兴和伤感，都会削弱你的力量。

说服别人的时候要用开放性问题，但可以用封闭式问题限制对方的回答。

态度上要强硬，理论上要完备，这样回应对方，才能一击制胜，还不被对方抓住把柄。

通过"超越框架"，我们就能够从动态的、个人化情境的框架重新评估信念——从而建立关于信念的信念。

大胆尝试去说服别人，让他们毫不犹豫地接受一种理念，投身于一次意外的行动，或者去追寻一个未经证实的愿景，是一种美妙的体验。